從人類史的演變，看中華文明的時代拐點

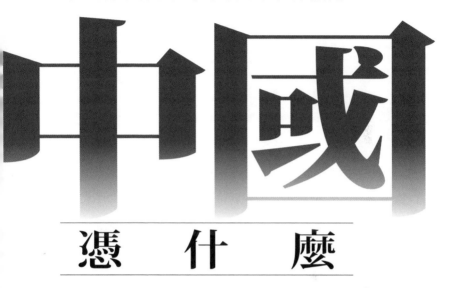

中國

憑什麼

李乃義

目錄

目錄

序

經常想起兩位老人家，都是大學室友的父親，在此紀念：

一位是樓迎統的爸，留法的樓桐蓀先生。樓伯伯很風趣、自在，70歲時頭髮依然烏黑。讚他朱顏未改，老先生笑笑說是「蒙不白之冤」……。

一位是周渝的爸，留英、德的周德偉先生，他是自由經濟學派大師海耶克的學生。我特喜歡周伯伯的一個對子，「豈有文章覺天下，忍教功業苦蒼生」……。印象裡，樓伯伯比周伯伯還更洋派些。

這兩位有學問的老人家都在蔣介石白色恐怖下的「自由民主」的臺灣，委屈的過活（幸好沒怎麼在臺灣的民粹下「自由民主」過），走完他們自己覺得還可以更有貢獻的一生。樓迎統長得像他爸，以生物物理博士的專業，做到長庚科技大學的校長。周渝也長得像他爸，參與臺灣的政治反對運動，居然在聊以營生的紫藤廬裡恢復了中華茶道，走出另

一片天。

　　大學時候的我們，是那種不知天高地厚，又不自知的小確幸，就是那一類本身還能湊合對付考試、而家裡也還能湊合供應上大學的人。感恩老天爺讓我們長了點年紀和見識，又曾住過同一間房，互相激盪為「思想者」，方才有這本書出現。要感恩的因緣遍數不盡，就不一一了。

CHAPTER 1

導言

　現代電訊與網路未免便捷到令人有些苦惱，資訊爆炸，一個人畢生也難以充分了解人類的現有知識，何況還無法辨識接收到的訊息是否「真實」？這裡有現成的案例：2011大陸出版了2010美國Morris的《Why the West Rules - For Now》，副標題「The Patterns of History，and What They Reveal About the Future」的譯本，原書名可直譯為《當下為啥西方主宰》，大陸譯本書名《西方將主宰多久—從歷史的發展模式看世界的未來》，而2015臺灣譯本書名《西方憑什麼：五萬年人類大歷史，破解中國落後之謎》，各自也許有適應讀者心理的市場考量。但即便譯文都忠於作者Morris原意，兩岸對這書所傳遞的訊息已經有蠻大差異，這樣的案例不幸是全球常態。

　科技，使得人們越來越活在人際的信息與資訊的交換裡

而內卷，比如，天、地、人 的**存在**與**歷史**，在智人出現之前，不過就是大數據的信息碎片而已。時空上的智人在進化途中，把它們拼湊出**人腦**的**理解**與**詮釋**，成為可以人際溝通的**事物**。這是**人**的天性，人類就是個好奇、想「**知道**」、還熱衷彼此說三道四的物種，儘管語言的轉譯偶而會有死角（**英語就無法表達中華跟中國的微妙差別**）。但依靠長期累代的人際交換，現代人對一切事物比從前任何時候都知道更多，而真實、扭曲、錯誤的信息與資訊，**交流**、**溝通**，**都只閉鎖在人類物種之內**，幸好人類目前還沒法跨物種交流。

無論**真實**的標準是什麼，自我的**體驗**或**科學**的實驗，現代人都有越來越多的信息和數據需要證實或證偽。現實的境況是：現代人要學的東西也越來越多，沒時間清理從前沉積下來的、內卷的**認知**與**知識**，這工作該誰來做？

科技並不能保證信息與資訊的真確，文明五千年來，人類科技一直在進化，才上得了太空。但人類政經社運作體制本身從未要求真實度，更比如，人史的記述都是既成事實的倖存者事後撰寫的話語，最有名的案例莫過於美國南北內戰結束後，勝利的北方硬是把1620才在麻州登陸的五月花號清教徒說成是「美國人」的起點，史實是南方的佛州詹姆斯敦1607就已經是北美第一個英國殖民地，那裡1619就開始販賣黑奴，黑奴還比五月花號更早登陸北美！國家與政府統治機構反而藉由數據與信息的掌控和操作來對大眾「洗

腦」、灌輸「虛擬的現實」。萬幸，現代人具備電訊、網路、大數據、AI等高科技工具，只要願意挖掘，真相總會迅速浮現，非營利的維基解密就這麼火起來的。

　　天地人的存在與歷史，萬事萬物，都是人類的理解和詮釋。現代哲學其實跟科學一致：存在先於本質嘛，本質是「人」說的，主觀、但「人性」十足，反正也只限於人際間流轉。事實是，宇宙和人史，都是上下前後左右互動的、路徑依賴的，演變過程很多糾結。我找到幾個跟人史相關的茬，正好藉此破題，按時序列在下面。

　　17世紀後葉，西歐開啟了人類的新文明：**科學**。後來的歐洲列強就以**科學**、**工業**、**資本主義**引領人類大躍進，但歐洲同時也掠奪並殖民全球五百年了。如此發達而同質的歐洲人群，卻在20世紀上半葉的31年間打了兩場自毀性的一戰、二戰，因此而產生了社會主義與存在主義思潮，哲學上回歸人道主義，卻無法扭轉資本主義的政經社勢頭。

　　科學做為文明的量子飛躍，引發需要與之匹配、適應的問題，比如，現代人必須倚賴各種**專家**才得生存了。科技進化的程度使得現代人對日常生活所需，時刻都離不開一大堆政、商、工、法、醫等專家的支持，這些專家們的**知識**及其

大公無私的程度必須相當**專業**，現代人才有生活水平可言。但一般人對各個**專業**根本不理解或無感，那怎麼運作、管理、監測呢？現代人能安心生活麼？

　　稍微追蹤一下「專業」與「專家」吧：科技上的專家還比較容易想像，專業嘛，現代有一套學術與行業的規範，管理相對比較客觀、有效。但政、法、商並沒有類似的嚴謹規範，政治和經濟的管治都是社會上有**權**、**利**的人幹的事，規矩怪異：竊國者王，竊鉤者誅。這管治的「**權**」和「**利**」怎麼來的？人史、社會學、人類學都沒清楚交代這方面的事，這涉及政經社體制的合理性、甚至人類的未來，那麼大件事，近乎無所不能的科學卻似乎使不上力，怎麼回事？多半是人、權、利之間的糾葛，只好繼續追蹤下去。

　　3-6**世紀**，或許由於地球氣候變化，發生了亞歐草原遊牧族群遷徙的骨牌效應。對當時歐洲的羅馬帝國來說，**數據**是一波接一波的**蠻族入侵**，不過，今日歐洲各國都是定居下來的這些遊牧民後裔建立的，後來就政治正確地稱為**族群遷徙**事件，因為當下歐洲各國人並不是當年羅馬帝國的遺民，不會自認祖先為蠻人。

　　而對當時中國的魏晉南北朝來說，情況相當類似。同樣

的**數據**，從前稱爲**五胡亂華**，但長城以北的許多遊牧民一波波地搬到華北黃河流域落戶、而長江以北的許多華人也接著一波波地搬到華南長江和珠江流域落戶，都就地混融爲華人了，依舊一個中國，後來就政治正確地稱爲**族群融合**事件，因爲長城內外都是故鄉了。

今天的歐人與華人確實就是當年這些入侵族群跟當時當地的原住民混融、適應生存的結果，20世紀之前的人不太知曉這些晚近才整理出來的人史輪廓，低估了3-6世紀族群大攪拌、混融的影響。人群的血緣和文化組份是有時空條件的，經歷的過程與路徑是很實在的烙印，生化和文化基因從不騙人。剩下的是現代人要怎麼重新認識和詮釋這段歷史。

5-6**千年前**，農業文明遍地開花，而對東亞**中華文化圈**而言，「**西方**」，就是翻越青藏高原或帕米爾高原再往西，包括中亞、西亞、中東、北非、歐洲、印度，實際主要只是：**環地中海文化圈**（印度河文化三千年前就消亡，擱下不談）。那時的地中海**南岸**，包括**埃及**尼羅河流域、**中東**兩河流域，以及稍後的東邊**愛琴海**諸島與小亞細亞沿岸，這是**西方**文化的正統與源頭，混合著農業城邦與遊牧部落，先後出現**埃及、蘇美爾、波斯**等一序列王朝帝國。2**千多年前**，地中海**北岸**的歐洲興起了同質、但由「城邦公民」擁有的希

臘式**羅馬帝國**，她被3-6世紀遷徙落戶的現代歐人的先祖取代、並最終「**認祖歸宗**」希臘-羅馬文化為「**歐洲正統**」。目前主宰全球的正是這批歐美人，**西方**便世俗化地專指**歐美**了。**然而**，7-13世紀時候的「西方」卻指的是伊斯蘭文明及其阿拉伯帝國。

由於近代歐美霸權真正達到了涵蓋全球的地步，前面剛提到的歐美三大功力，**科學、工業、資本主義**，隨之**全球化**。科學的教化、工業的量產、資本主義的唯利是圖，都成為現代人的**文化基因**。這其實就是當下**西方憑什麼**主宰全球人類的功力。

6-13世紀，隋唐、宋元達到中華農業帝國的巔峰，**中國有那時最高的技藝而無科學、有那時最大的工商財富而無資本主義**，成為現代人不解的公案，**中華憑什麼**延綿數千年而不絕，答案就在此中。我找到一個年代更古老、更沒人觸及的公案：2500**年前的戰國時代就已普及中華大地的小農經濟**！這個給廣大基層人口授予私田土地，使之成為人口占比80+%的小資產階級自耕農，自負盈虧、納稅與役，成為秦漢一統的動力：以數量取勝的、人人為自己利益而生活奮鬥的小農戶單元。這個創舉使得2500年前的中國就已經是現代理想的碩大**自由經濟體**，自由到散漫。怎麼管理、調動這樣的人群社會，現代資本主義的「自由經濟學派」的專家根本無法想像！14**世紀**明朝朱元璋想回歸小農經濟，但大肆

誅殺官商聯合體也管控不了資本對小農田產的兼併，**人性和資本的掠奪性使得貧富懸殊成為人群社會的宿命**？那麼，全球各地的族群及其文化又**憑什麼**延綿至今？

2500年前，當然也沒有「科學」思維，從諸子百家的記述看，那時的華人已洞察人性，思想既現實、又相當**以人為本／以民為本**，能夠激發基層百姓的積極性，使得保家和衛國成爲同一回事，不得不是件了不起的成就。從現代歐美的思維看，沒有科學、工業、資本主義的中國，只得依賴人衆的經驗與智慧來解決實際問題，比如，中國建築大量使用榫卯和拱門結構（當時沒有後來的建材與工具），中醫與中藥自成一系，加上小農經濟。這些實踐延續了中華世界數千年迄今，顯得華文化超現實地「**早熟**」，例如，現代科學和儀器驗證了經脈的存在，而早先的華人是怎麼發現經脈的？

近代歐美有了科學的先發優勢與政經社話語權，**集群農耕的華文化**對比**混合城邦與遊牧的西方文化**，是個文化多樣性的天然課題。

時間再往前推，就要觸及**人跟獸的分界點**了，但我也許找到了**人群跟哺乳獸群的分界點：階級與權利制度**。關鍵在「**群**」，因爲**哺乳**意味著比較長的**幼兒期**，即使單獨掠食的虎豹，幼兒依然會在成長期間跟母親形成最起碼的小群：單

親**家庭**。集體覓食的獅、象、狼、猩、鯨等，大家庭或近親家族的**集群**是常態！

天下沒有白吃的午餐，進化是有代價的，**群居生存的哺乳動物演化出許多本能（包括階級與權利制度）來維護群的存續**，具體隨「**個體數量**」與「**溝通能力**」而展現變化。掠食獸群的成員數目難得超過30，溝通能力倚賴感官，天擇產生的**首領**必須在暴力競爭中屹立不敗、只在年富力強時差堪維持統治，**世代交替**很自然。獸群本能開發的**階級、權、利**，主要是穩定群體內**進食、交配**的**秩序**，而首領的**集群**功能主要是維護群體的生存空間：覓食的**領地**。

人群曾經長期跟哺乳獸群共處在分界點上，那時人與獸分別不大。但**人類進化出更大的腦神經系統，又用語文溝通**（類似現代網路、複雜度隨上網的個體數量而指數增長）。**萬年前頃，農耕文明萌芽，人類集群的數量成百上千地增大，人群的階級與權利制度就此遠比獸群的複雜了，進化之路迅即分道揚鑣**。事實上，哺乳動物的基因組還遺傳了許多跟集群相關的其他本能（都沒專屬的DNA片段），包括好奇、模仿、學習、共情、情感、理智等等，這些程式自然地運轉、結成**群**的紐帶，並且是後天的群體**文化基因**的源點。

人群的階級與權利制度實際定義了那個社會的**人性**與**人道**，政經社體制是在這基礎上衍生的。事實上，所有人群的

文明事項與歷史發展路徑大致雷同，集群數量不斷加大：家庭、家族、氏族、部落、城邦、國家。並且從部落開始，不論是農耕或遊牧的文明，都展現出（**神權、王權、金權**）的階級與權利的分化，貫穿所有的人史。農業文明五千年來，一開始神權跟王權並行，然後王權獨大了至少三千年，近代金權的**資產階級**則以**資本主義**的形式成爲所有權利階級之首、獨大迄今三百年了。這些人史的進化路徑，通通跟人類的階級與權利制度相關。

　　各個人史這樣的相似性，說明：人嘛，人性還是共通的。而西歐率先揭櫫的**科學**，在18世紀之後迅速成爲現代人唯一共同的、從形式到內涵都全然一致的**文化基因**與**教化**，這方面的人際溝通甚至用不著太多翻譯，比如，愛因斯坦的$E=mc^2$式子，把物質與能量等同起來，徹底改變人們慣常的直覺與認知，已經成爲現代人腦的共通，開門見山，是笑靨、哭顏、音樂、繪畫之外，可以直指人心的另類**溝通**，類似藝術或情感的境況。

　　以上幾個茬，都在下面「人史就是個大數據庫」章節裡交代。**真正燙手的茬兒在此**：西元2023年，很可能會被歷史銘記爲世界新秩序元年。在抽刀斷水水更流的人史長河裡，變化是永遠的主題，2023這一年，執世界牛耳的美國

針對中國的「貿易戰」已經進行了好幾年，並延燒到政經社所有領域：金融、文化、科技、外交、宣傳，甚至疫情。美國把一切手段都當武器使，還裹挾其歐、日同夥們**站隊**，所幸沒發生兵戎熱戰。但正是得力於美國政策急速翻轉為仇中反華，中國「崛起」立馬成為流行話語與虛擬現實。

上一次類似的站隊，是一戰（1914-1918）之後的歐美日挑明了以蘇俄為敵的，但不久就發生西歐列強內訌的二戰（1939-1945），英法跟俄美結盟、對抗德意日軸心。一戰、二戰都沒被戰火直接延燒到本土的美國，幸運地取代了歐洲列強的位置，成為20世紀全球超霸。二戰硝煙剛落，美式資本主義立即摃上俄式社會主義，雙方大打**意識形態**「冷戰」。美國一面取代英磅的國際貨幣地位，大印美元、全力資助西歐重建，以對付蘇俄西側；一面則把日本納為屬國、也助之重建，以對付蘇俄東側。美國先西後東、以鄰為壑的**圍堵**蘇俄策略，使得德、日迅速恢復為20世紀的製造大國，一戰、二戰等於白打，成為當今美國霸權崛起的序幕。當然沒有免費「資助」這回事，運用**美元**與**美軍**的美國，一舉成為世界**金主**兼**警察**。

俄國從17世紀末的彼得大帝就開始「脫亞入歐」的動作，那時還沒有所謂的社會主義，但因緣際會，俄國始終入不了歐。20世紀末，俄式社會主義的蘇聯解體，美俄冷戰平和結束，但美國對俄國的歇斯底里狀態卻未止息，意識形

態顯然不是敵對的主旨。

　　進入21世紀後，美國對歐洲也頤指氣使，迫北約背信東擴、蠶食俄國與歐洲之間的安全緩衝區、終至引發近來的烏克蘭戰爭。美國還有意識地以伊斯蘭、中國為敵，不單挑起整個中東的動盪與難民潮、美中商戰、更意圖烏克蘭化臺灣。如此詭異的、到處樹敵的行為，不由令人深思：「美國憑什麼」？事實上，全球孩童的課綱形象都是：「美國人」是英國虔信耶穌教的清教徒移民到北美洲的；但**立國二百多年來，美國人幾乎屠滅所有北美原住民族群，其沒有發動或介入內外戰爭的時間僅只十數年，如此好戰成癖的基因是從何而來的**？

　　現代學者從已確證的分子基因學、腦神經學、考古學、人類學、歷史考據學等的相關數據與學問入手，集成為對社會、心理、歷史的解析，這是當下最能接近真相的辦法，現代對人史的了解已經相當精準。美國現象，並不特殊，也不難理解。現代人有更真實的科學方法來重新認識、詮釋國家的興衰與輪迴，包括西方的英法德奧俄、土耳其、阿拉伯、羅馬、波斯、埃及等帝國，以及，東方的中國秦漢以來的朝代（其中有近一半分量的遊牧血緣的王朝）與亞歐大草原上的匈奴、鮮卑、突厥、契丹、蒙古等汗國。電腦與人腦一起搜尋大數據之下，沒有人史會被遺漏。

現代人類的知識確實廣闊，必須倚賴專家指點。對當代思想與認知有卓著貢獻的通俗著述，當下有**霍金**Hawking的《**時間簡史**》、**威爾斯**Wells的《**人類前史**》、**埃德爾曼**Edelman的《**第二自然**》，各自直白地讓宇宙跟人類的演化真實地掛鉤。還有，**平克**Pinker（語言與認知心理學，*The Stuff of Thought*等書的作者）、**葛拉濟阿諾**Graziano（意識心理學與腦神經科學，*God Soul Mind Brain*等書的作者），**杭士基**Chomsky（著作等身，中譯本有《**知識分子的責任**》與《**誰統治世界**》等）。這些書都深入淺出，有助人們了解20世紀以來的世界現象，尤其是做為美國當代最大異議分子的杭士基的觀點（還有**薩克森**Sachs等思想者），完全從科學求真的角度出發，論據事物真偽。真實，確乎是善與美的基礎。可看的書讀不盡，真，最重要。

　　科學、工業，以及晚近的電力、電子、電腦、核、基因、網路、AI等技術，都是人類進化的展現，但都成為頂層資產階級的專利與發財的工具，藉歐美唯利是圖的資本主義遊戲規則進行利益收割，造成日益嚴峻的環保生態問題，以及，貧富懸殊與信息不對等的人道問題。資產階級生不帶來死不帶去的「財富」不斷增長，有**人道**意義嗎？人類和地球必須要為這樣的階級與權利制度買單嗎？

　　3-6世紀的遊牧外族入侵事件，把當時的歐洲羅馬世界裂解爲近百個希臘城邦式的**民主帝國**，逐漸演變爲如今的歐洲45國，許多依然「君主」。當時的中華世界則依舊一個中國，朝代更替而已，中國迄今已經歷了**四次**遊牧外族入侵、並落戶爲統治者的事件，每一次都帶來血緣、文化、版圖的擴容。1840鴉片戰爭開始到1945對日抗戰結束的**第五次**海洋外族入侵事件，是個例外，沒帶來版圖的擴容，但擴容了華文化的組份。

　　就此打住，展開本文，說透！

CHAPTER 2

從狼群跟人群的
階級與權利制度說起

　　狼跟人，都是哺乳動物、頂級的**集體**捕食者，基因裡存在許多**集群**相關的**本能**，其中包括社群的**階級與權利制度**。狼仔一出生便在那**狼群**的氛圍裡生活、成長，如果時光倒退一百萬年，人群和狼群的成員數目差不多，社群結構更近似，那時候人跟獸分別不大。但現代人群的階級與權利制度比狼群的複雜得多了，人跟獸的分界可以從社群結構清晰辨別。這一章的目標是想弄明白：人群怎樣在基因本能的驅動下進化為如今模樣。百萬年來，狼群的成員數量一直不大，而五千年前人類的農業城邦已經聚眾千、萬計，現代都市人群更已超百萬數量級。

　　大自然演化出哺乳動物，這物種的幼兒需要被哺育相當時日才得存活、長大，哺乳動物不存在「獨狼」或「獨人」那回事，因為不存在獨自而可存活的哺乳動物嬰孩。古今

中外，人的一生都浸泡在家庭、學校、村鎮、城市、各個社會群體裡頭，包括現代網路的虛擬群體。跟別人打交道、結伴活動或溝通，是很實在的**人性**展現。「**人**」的現象＝「**人群**」的現象。獅、狼、象、猩猩等集體覓食求生的哺乳動物，社群的現象也跟人一樣地明顯。即使是單獨捕食的虎豹之類，至少在幼兒期會跟母親結成**最小的社群：一個單親家庭**，母親除了哺育之外、還教會幼兒生存技能與社群規矩。這是**群**的起碼功能。

　　社群是哺乳動物存續的關鍵，但社群的存續本身則需要凝聚、管理、秩序、規矩，階級與權利制度成為重點。數據顯示，即便資源豐富，掠食獸群也難得超過30名成員。這涉及成員之間的**溝通**能力，及其**腦**神經系統的**信息**處理能力。集體捕食的獸際溝通，倚賴感官能捕捉的氣味、聲音等信號；而人際溝通則是透過人為的語言文字系統，需要人腦的智力。這些等下再敘。

　　哺乳獸群的「**階級**」、「**權**」、「**利**」本能，只跟生存和繁衍的演化相關，不外乎就是**領地權**、**交配權**、**進食秩序權**，實際就是占有食、色、地盤等生存資源。比如，狼群**首領**是匹雄狼、配偶就是副首領，忠實的一夫一妻制，子女們就是狼群成員，雄性成員長大後被驅離；首領夫婦每年可產狼崽2-8個，數年下來，往往也是20個成員以上的**家庭社群**。非洲野狗跟狼一樣，夫妻檔帶領一個家庭社群。非洲斑鬣狗群

則是雌性首領的群婚**家族社群**，階級森嚴，首領的女兒很小就會欺負社群的低階雄性成員，以彰顯地位，斑鬣狗社群最多可達50個成員。獅子是雄性首領，一夫多妻，首領一般不參加捕獵，雄性成員長大後遭驅離，獅子的大家庭社群也可達20頭獅子。猴子不是掠食動物，但也有雄性**猴王**，一夫多妻，階級也很森嚴，雌性除非成為**猴后**，否則她的幼兒易被其他社群成員欺負。在以力氣取勝的大自然裡，首領的體型都比較大、暴力，天擇自然地反映這境況。首領隨時隨地面對群內外的挑戰，只在其年富力強的短暫時光可以統治社群、領導群體占有或擴張領地。挑戰獲勝的新首領會接管整個群體，這是大自然的**世代交替法則**。

人間的條件

狼群只是拿來襯托人群說事的，事實上，大自然並沒預設要在地球環境裡滋養蒼生萬物，她只是按遊戲規則、自然地演化出一切。所以，**人之所以為人**存在許多無可改變的時空與路徑條件，包括基因、本能、社群、階級、權、利的形成，不可或缺。

（一）生化基因層面的事實

發生在1.6億年前的哺乳動物，是相對年輕的演化事件，這當然不是大自然爲億年後隕石撞擊地球而致恐龍滅絕事件的預先設計。億年數量級的演化，使得哺乳動物開枝散葉，如果對比人類跟鼠類，性狀差異極大。但畢竟是同門師兄弟，人鼠之間的基因相似度高達90%。所以，前面說的人與獸的分界門檻，在基因層面會看得更清，比如，智人的祖先（直立人）跟黑猩猩的分支不過是5-8百萬年前的事，人類跟黑猩猩至今猶有近99%基因相似度，長相也接近。這1%不到的基因差異，就成爲人與獸的具體分界。

當40萬年前，智人從直立人種群分支出來的時候，那時的智人社群是什麼狀況呢？由於早期智人跟直立人都長期以石器工具拾獵爲生，合理的假設是，在分支的時候，智人跟直立人的社群結構是一樣的，但直立人已經滅絕，無法認證他們那時的社群組織狀況。只能從直立人的獸親戚黑猩猩與倭黑猩猩的數據來察看：現代人跟黑猩猩與倭黑猩猩的基因相似度都約98+%。黑猩猩雄性體型約爲雌性的1.5倍，雄性好鬥、領導著一夫多妻的家庭社群，社群成員30個以內，偶而獵食其他靈長類；成年雄性被驅離，以避免內交。倭黑猩猩則雌雄體型差不多，吃素，作愛而不作戰，家庭或家族社群以雌性領導較多，社群成員可達50個以上。現代基因學發現智人與倭黑猩猩有個相同的、抑制侵略性的基

因，是黑猩猩沒有的，這個數據或許直接關聯到人類是少數會內鬥、殺戮同類的物種之一。

現代人類雄性體型大致為雌性的 1.2 倍，在黑猩猩和倭黑猩猩之間，足以勉強推理拾獵時代的智人，可能比較接近倭黑猩猩的社群模式：母系領導的家庭或家族式的小股社群。旁證是：人類文明之前的神話與遺跡，女神確實比男神多。

但圍繞著**集群**這個**本能**，哺乳動物有太多其他物種沒有的**天性**（其實都是基因造成的，都可稱為**本能**），諸如：**好奇、模仿、認同、共情、同情、學習、溝通、群性、私性、智性、情性、理性**等等，都是**社群**的黏合劑。跟這平行的演化，就是哺乳動物發達的**腦神經系統**及其**心智**的形成，這也是其他物種所沒有的。

（二）文化基因與（腦／心）韌體

從本能的層面來描述「人」，可以釐清許多觀念。生命演化的**目的**是適存，並繁衍（複製自己），沒有邏輯或「算法」algorithm，何況**環境**還是變動的。生物展現許多互相交叉的**本能**，許多看似矛盾的本能都在基因組裡，因緣際會地被激發。哺乳動物集群才可生存，「**群性**」是人的本能。人類也是使用工具求生的靈長動物，「**智性**」也是人的本能。個人要生存，「**私性**」非「利己」不可，族群要延續，**群性**

則召喚「利他」（親代常常爲子代犧牲）。巨量的人腦細胞，不間斷地感、覺、知，連睡覺也不停歇，人類從孩童起就「**意識**」到「**自我**」的存在。那麼多個**自我**要組成穩定的社群，所以，**共情、同情、感情**是群性相關的本能，好奇、知性、理性是智性相關的本能，而**模仿、學習、溝通**則是相關群性與智性的共通的本能。這麼多不學而能的本能，並沒有對應、專屬的基因片段，而是整個基因組系統軟體的表現，例如，打哈欠或微笑的感染，就是一種人性集群的本能。也只有人類的顏面神經會擠出哭、笑等傳情的表達，別的動物不會，這些都是人的本能，**人性**。

　　怎麼敘述這麼多本能交織下的「**人性**」？當代有位腦神經學與心理學者，**麥克・葛拉濟阿諾**Michael Graziano，他寫了些科普短書，相當精簡地敘述了**大腦**與**心智**、**認知**與**意識**的形成，跟神經系統的整體密切關聯。覺與知，可類比爲像似「共振」的系統反應，整個大腦都介入。比如，針對相同的信號刺激（聽到「媽媽」這個詞音、看見媽媽的臉），儘管是不同文化的人，各個人腦介入反應的腦神經區域卻是相同的（聽覺、視覺等在各個人腦裡的位置大致是一樣的），重複的刺激與正向回饋（練習、經驗、慣性），使得大腦各區域的聯通路徑形成某種模式化，各個人腦連這種通路模式也大致一樣。神經信號傳遞的速度約每秒百米，整個大腦的巨量神經細胞幾乎在 1 毫秒內全部瞬間聯網。

　　重複練習的刺激逐漸保留了便捷的通路，以至於之後甚至不用視、聽刺激，一想到媽媽，媽媽的形象、聲音、味道便浮現為腦海裡的**意象**。由此解釋了人腦的記憶、意識、認知、思維、心理等統稱為「心」mind的**軟體**過程。怪不得0跟1的現代數位電腦也難以匹敵模擬式的人腦（雖然我們還不了解人腦是怎麼模擬式地操作的）。並且，這也解釋了人性的強烈自我，畢竟這些覺知都是在同一個腦神經系統裡完成的，沒有任何別人可以體驗完全同樣的覺知，一開始意識到媽媽的存在的當下，就已經是「**我的媽媽**」的了。

　　人性非常自我，意識到妳你她他它的同時，**我**已在其中，人群實際是自我的鏡子，映射出自我。群與我，辯證地共存。這裡的意識與認知只是那顆大腦隨時空環境積累的、被激發的巨量腦神經細胞群的通路模式所喚起的**意象**，並不是電腦「存取」的DRAM數據，更不是CPU可以計算的經驗。我們能夠這樣談話，因為有後天的**語言**可通。人腦的工作方式，跟電腦0跟1的語言全然不同。

　　當代還有個**史蒂芬·平克 Steven Pinker**，著名的語言學與心理學者，他對**人之初**的幼兒學習語言的過程的研究，意外揭櫫了人的（**腦/心**）相關的一些基本面。邏輯上，人類既然集群生存，基因組裡必定有展現群性的機制，而相互學習、模仿就是群性本能的展現之一。要有效學習、模仿，就必須交流、溝通，而訴諸聽覺的語言是最方便的溝通工具，

但語言是人群後天編造的軟體，不可能透過先天的基因來遺傳，幼兒必須出生後才學會，問題是：沒有語言能力的幼兒如何迅速從媽媽那裡學會母語？

　　語言本身是件「約定成俗」的事，人跟人溝通嘛，圖像、聲音都是便捷的，但得有規則，以便同樣的聲符和字符表達同樣的意思，這才「通」得起來。這需要相當固集的人群，以千、百年的傳承，形成共通的**語法**、**語意**、**語境**，做成可以溝通彼此的交流軟體工具。語言做為後天學得的習性，根深蒂固的程度，絲毫不下於其他不學而能的、遺傳來的天性，反映了「溝通」對必須集群生存的生物的重要性。事實上，學會語言的同時，還連帶學會了語言所承載的「人文」因素，包括**社群**規矩（語法便是個**規矩**，小時候不按語法說出的句子必被糾正，直到完全中規中矩、完成跟他人的**通達**）。**文化習性**，實實在在地定義了許多具體的「人性」內涵。每個語言都自有其豐富的社會集群與時空環境下的歷史文化積澱，人們從小學習與傳承的，除了語言本身之外，更少不了社群的文化習性。換言之，**語言是集體文化的一部分，儘管是個體的表達**。這樣的「**雙重性**」貫穿每個人的畢**生經驗，人們不過是沒太注意罷了**。

　　回到幼兒的本真狀態。娘胎裡只給了按父母親基因程式長出的大腦，基因並沒遺傳語言這個軟體。在語言完全空白的情況下，幼兒最大的困難是，每個單詞都有詞音、詞意，

而詞意是跟外界的某個東西對應的，所以它的腦筋需要先建立起「詞音─詞意─東西」三位一體的對應性與關聯性，這其實**也是幼兒認知、心智、心理的開端，它那個（腦／心）韌體必須自己開竅**，旁人除了提供不斷重複、穩定的「可聽見的詞音─可看見的東西」刺激之外，並無從真正協助，幼兒只能倚賴自己本能的**頓悟**能力開竅，掌握三位一體的聯結。幾乎所有人認知的第一個詞和物都是「媽媽」，這不奇怪，媽媽畢竟是幼兒生存的唯一依靠，天然就提供穩定的場景和最多的機會。

「看見媽媽的臉＋聽見『mama』這個詞音」是幼兒的常態，一般還會伴隨抱抱、搖搖、親親、嗅嗅等肢體刺激，母親不見得每次都想刺激幼兒學叫「媽媽」。每一次跟母親接觸，幼兒腦裡那個數量龐大的神經細胞突觸交織成的三維網陣都異常忙碌，需要迅速把五官信號送到相關的功能區塊，以便平行、有效處理，但這些功能區塊的位置是分隔的，以至於信號必須經過無數個神經細胞、曲折地聯結起三維路徑。於是，重複出現的刺激逐漸建立起大腦系統的快捷反應**通路模式**，終於，某一天開竅了，幼兒「悟」了、**「知道」**了：原來「媽媽」這東西就是餵我奶的、這張臉的人，而且叫做mama。領略的幼兒通常會回應母親的挑逗，跟著媽媽慢慢地學叫著「媽」，「媽……媽」，「媽……媽……媽」。

而一旦通悟了第一個詞，開始掌握「詞音─詞意─東

西」對號入座的訣竅，語言的學習過程立馬會加速，重複練習、直到了解更多單詞，這在一歲左右的幼兒就已經開始展現。這是最最基本的智人之智！因爲純屬大腦的內部作業，所以完全**自我**，認知的積累也強化了**自我意識**，一般幼兒學語言到相當階段，都會自然地什麼都是「**我的**」。內**悟**與外**通**之智，當然是基因裡譜就的本能。「人性」包含許多不學而能的「本能」，群性、個性、情性、理性、好奇、模仿、學習、共情、同情等等。有些本能是矛盾的，比如，個體要生存，而種群要延續，心理上就難免經常要在利己與利他之間煎熬。哺乳動物的父母親，是常常要爲幼仔們犧牲的，其實都是集群生存的哺乳動物的**第一本性**之一。

幼兒學會的第一批詞都是具象的，媽、爸、桌、椅之類，重複之下容易對號入座。很快，抽象的你、我、他、紅、黑、1、2、3……之類。三歲的小孩，已經很能用言語溝通了，然後，幾乎所有人都不記得自己二、三歲時是怎麼通悟母語的。這有點像學會騎腳踏車，那個平衡感的掌握像似頓悟，學會了就忘記了。有些習而得之的**第二本性**，常常攸關生存，由不得腦神經再花時間處理，必須本能似的當下反應。幼兒實際幾個月大就已經開始呀呀學語，反映了**溝通**對**集群**生存的物種的重要性。幼稚期的孩童，花在語言學習與溝通方面的腦力支出占到六成以上，直到十歲出頭，這也是生化基因組先天譜就的程式，「本能」。

　　從平克到葛拉濟阿諾，對（腦／心）之間的運作模式與機制有些概念了。科學地說，人的演化，主要是**人群**的現象，而且是**軟體**的，自從聚眾定居的農業文明以來，這方面的進化速度尤其驚人，從有文字到登月不過花了5千年，而硬體方面的進化，則從我們直立人的祖先算起，花了500萬年才把現代人的腦袋瓜翻了約一倍半大。每個人的「心智」軟體，自我、意識、認知、思維、知識、心理、慾望等，從來也關聯到其他的眾多個人。每個人的「自我」認知，是從無數次「我妳你他她它」的對比經驗中形成的，人群就是自我的鏡面，透過鏡子才照見自我的存在。事實也是，每個人的具體生活方式，通通是後天從各個社群裡學來的（家庭是起碼的社群），語言、文字、飲食、分工和分配的規矩、工藝、技術、宗教信仰等等**文化習性**，實際就是集體**教化**出來的人群政、經、社的本質。那麼，個體的「自性」裡有多少「他性」在其中呢？人性之複雜，幾乎就是「量子糾纏」似的迷幻。

　　從基因的角度，會精準自我複製的東西，都可以叫做「基因」。生化基因組複製了人體、人腦、器官等等硬體的製作與組裝程式，自組裝出嬰兒及其餓了就吃、睏了就睡等等天然本能，包括親子之間的情感紐帶，這些都是**生化基因**遺傳的、不學而能的、即刻反應的**第一本性**。而透過人腦後天複製傳遞的人群的語言、文字、吃穿的習慣、技能，以及

思維方式、認知、認同等眾多文化習慣的軟體，是學而後能的、個體與群體相通的、但反應速度近似呼吸或心跳或飢餓等天然本能，這便是現代稱為「**文化基因**」的**第二本性**。

無論農耕文明或遊牧文明或其他適存至今的文明，人群的歷史演化模式，都沿著家庭、家族、氏族、部落、城邦、國家，那樣越來越大的**集群**軌跡，並且，階級與權利制度還貫穿其中，這些主要都是人類第二本性的文化基因的結果。

這樣，我們就看到大腦在演化上的重要性與突出性：大自然給遺傳信息的傳遞添加了生化基因之外的途徑，用哺乳動物的大腦後天地複製族群的適存經驗（也就是，文化基因），不但相當於DNA擴容，而且大大增加適存的範圍和彈性，比原本用DNA來複製、傳承要快速得多，演化的代價也經濟得多。

以體能或暴力來領導群體，依然還會占人類社會一定比例，但以各種智能（包括「政治技巧」）來領導群體卻明顯是人類文明以來的進化主流了。這裡，我們就看到了（腦／心）的作用：從本能驅動的階級與權利制度中，轉變為各種**文化習慣**的功能了。

階級與權利制度下的人群社會

　　過去的數千萬年，配備了（腦／心）、群性、智性本能的哺乳動物群落，在恐龍消失的地球上繁榮興盛，演化過無數不同形制的階級與權利制度，及其衍生的文化基因。鼠群、狼群、象群、猩群等的存在都比人群早，也都有相應的鼠之智、狼之智、象之智、猩之智等，甚至還有「遊牧文化」的獅群存在，它們不固守領地，尾隨在牛羚群後頭「遊牧」。但僅只智人之智達到認知內在與外在世界的境域，獨一無二。人類是怎麼做到的？

（一）群與智：人的氛圍

　　人類進化出相當靈敏的**感**官系統與相應的腦神經系統去察**覺**與認**知**周遭的世界，感、覺、知，都是（腦／心）的**系統工程**。包括人在內的高等動植物個體是萬億數量級的細胞集群，每個細胞上的基因本身則是十億數量級的**遺傳信息分子**集群（只由4種鹼基分子組成）。從DNA複製自己的角度來看，人體萬億細胞的社群只有一條「**命**」，這條命若沒了，社群裡的全部基因片段通通完蛋，管它是怎麼來的！活著，這條命才有機會完成細胞社群所攜帶的DNA的複製。生命的脆弱、堅強、複雜、單純，都在活著的時候展現。細胞之於人體，個人之於社會，群（數量）、智（溝通）就是

人的氛圍。

　　人的染色體有30億個鹼基分子，最多對應10億個氨基酸排序。人體的生理程式，比如，心跳、呼吸、排泄、免疫、睏了要睡、餓了要吃，等等本能，都體現於腦神經、內分泌、心、腎、腦、肺、脾各器官之間的協調與運行，需要用到包括酶、酯、抗體、各種內分泌激素、荷爾蒙等各種蛋白質，不下10萬種。每種蛋白質平均用到百個氨基酸排序。這用不了30億個鹼基分子，肯定有大量基因片段「閒置」，但我們不清楚怎麼是這樣的？這一切些都是按爸爸媽媽貢獻各一半的基因組藍圖，設計、製作、組建完成的，他們也是按他們父母親的基因組裝的……，這可以一直追溯到物種乃至生命的起源。而每個人的本能、心理、性狀如此多樣化，是閒置的大量基因片段造成的？如果是，那可就不是閒置，而是功能的了。

　　人腦約有千億數量級的神經細胞，每個神經細胞約有數千個**突觸**跟周圍的神經細胞的突觸形成間接鏈接（透過生化分子或電信號）。換言之，神經細胞網路裡的信號傳遞存在近乎無限多個可能的三維通道，但需要走曲折的**路徑**，因為人腦許多部位已經特化為功能區塊，比如，視覺、聽覺、味覺、嗅覺、觸覺的區塊，以便迅速處理不停送來的感官信號，形成覺知，並聯繫應激功能的區塊，方可及時發出指令信號，發到內分泌系統與心、腎、脾、肺各器官。往來的信

號以某種蛋白質高分子的形式傳遞，比如，多巴胺，是神經
細胞突觸間的信號傳遞分子，由內分泌系統調配而來。總而
言之，人體或任何生物體，基因組演化出來的生理機制，是
個相當複雜而微妙的生命工程系統。多巴胺失調，人就會憂
鬱；過多了，就會「上癮」，這玩意兒跟人的「快樂感」相
關呢。

　　每個人的（**腦／心**）韌體，是名符其實的「特種中央處
理器」，主要處理「人」的一切感、覺、知、意、慾等大腦
的內在經驗。演化出來的人性，是內可**悟**外可**通**的，語言、
文字、音樂、繪畫、雕塑、藝文、電影、科學等等就像人心
之間的**橋梁**，使得智人之**智**可以在時空上積分、像似電腦聯
網那樣。而社群讓眾多人腦聯網起來，眾多經驗集成、碰
撞，情與理的刺激，放大了激發**智慧**或**靈感**的機會，並且還
能感染可以聯結上的人腦。古今中外的人都可以透過各種橋
梁連通。這樣不限時空的平臺不是白白進化的。

　　現代人認知到的事物很多，當下網路科技時代，知識、
信息、數據的傳播和積累，很容易就超越單一人腦能夠消化
的極限。自從人類進入集群定居的農耕文明以來，社會上
的分工越來越專，人類對事物的解析越來越細，實際沒有人
可以僅只倚賴自己的腦袋與經驗去獲得現代的大量知識，都
要靠眾多其他人的經驗、發現、傳播。人類的**智慧**，其實是
靠能夠聯通到的人腦，點點滴滴積累出來的，語言、文字、

交通、電訊把時空上的人腦聯通起來，知識平臺一直不斷積分，後人都踩在時空裡的前人和他人肩膀之上加速進化，才有現代人的成果。現代網路扁平化了全球的時空距離，對比古時以年為單位的東西方信息傳遞，進化再明顯不過。

群性與個性都是基因裡並存的本能。既然群居，必然演化出溝通與協調的基本功，人際「通」的本事，正是人類的生存手段與進化長項。可是，怎麼知道人際傳播的信息是「真實的」？證實或證偽是有成本的，需要大量時間、精力、資源，所以人群社會演化出來的文化，無不包括基本的「誠信」、「科學」等「求真」的元素，這其實是群性動物的一種自然演化**趨勢**，人類各族群都強調真善美，而以求**真**為先。就文明以來五千年的歷史看，人類知識確實越來越近於事物的真相，對比300年之前的古人吧，那時還說天圓地方、雷神打雷呢。

人類演化出語言與文字做為人際溝通的載體與工具，每個人又怎麼知道，尤其在通**情**達**理**方面，認知到的就是對方想要表達的呢？儘管相同的生化基因組使得每個人的大腦，生成、組織、結構、生理都相同，但每個人的「心理」絕對是獨一無二的自我，然而，人文藝術、科學技術、時尚流行等等文化軟體，全人類歷來都相互學習、模仿、感染、滲透，人心之間的**通**與**達**，早已是演化出來的人性的本能與本事，不然如何集群生存？

　　現代的研究和發現，對解密（腦／心）的作用，當然還有點距離，但對以（腦／心）做為人類最重要的演化工具與機制，卻啟示重大。內在的認知與其他後天的學習或模仿，需要用到整個大腦，建立包括視、聽、邏輯、控制等各個功能區塊間的網路似的迅捷通路，所喚起的「意象」結果，卻也是「心理」活動的主要平臺。隨後的人體反應與回饋，再透過（腦／心）的回饋作用，逐漸形成個體與集體的經驗和文化習性。既然（腦／心）已經成為人類進化的平臺，人性無疑包含**心**的軟體，雖然生化基因與文化基因都具備複製與固化的特性，但人**心可悟**、具備**創造性**與**自由度**的機會，使得人為的努力或許可以逃脫生命由 DNA 主宰的宿命。

　　大自然把**生化基因組**演化出來的諸多人性本能，主要是適存的群與智的功力，不再費時費力地讓 DNA 慢慢進化，而讓（腦／心）藉由**文化基因組**有效地擴容。**人類進化為心理動物、慾望動物、歷史動物、政治動物、經濟動物，通通跟「社群」相關**。這使得腦神經、意識、認知、思維、心理都成為當下科學界的顯學，相關的研究當然並不容易。但不斷發現新數據的考古學、人類學、古地質與氣象學，促成一個大數據庫，以及一個超越人類自我中心的地球生態環境學的思維。這樣的進化，正是人的「**智慧**」現象。

　　事實與數據是，數百萬年來，人科動物的生存競爭優勢，一直倚賴群體和石器工具，換言之，眾多（腦／心）互

動激盪出來的「技術」與「知識」是人的生存競爭優勢之一。所有生命，本能地怕火，可以想像，人祖必須要克服基因本能的恐懼才會慢慢學會取火、用火。這符合現代對人類「文化」的定義，文化，是拿來超越獸性的自然本能用的。而演化上的**人性**，基本上就是「群」與「智」，「情」與「理」的演化功能也是為了**集群**與**集智**。

萬年前吧，人類才開始告別30人左右的**小群**拾獵生活而進入百、千、萬人數量級的**小眾**集群定居農業生活，並且普及了文字的使用，文化開始加速進化。十萬人數量級的**大眾**集群城市與百萬、千萬人的**國家**建制在兩千多年前出現，而機械、化工、電力時代不過是300多年前才相繼發生的，推動了百萬人大眾集群的超級大都會城市發生。不旋踵，100年內，電子、半導體、無線電訊、核能、電腦、基因工程、網路、AI，人類科技加速量子飛躍。社群文化的進化速度顯然跟不上科技極速進化的速度，雖然文化基因已經比生化基因的進化快得多，但畢竟也需要時間來積澱。過去萬年間，人類倚賴（**腦／心**）、（**群與智**）的演化機制非常成功，繁衍至今近80億人口，成為地球上的絕對優勢物種。就生命的目的是為了生存與繁衍而言，人類似已達到自然演化的目的了，然後呢？歷史終結了嗎？

現代腦神經學者**埃德爾曼**Edelman（免疫學1972諾貝爾獎）針對極其多樣化的意識表現，找到了腦神經細胞**附著分**

子，初步解決了（腦／心）韌體的生理材料問題。但腦神經細胞系統如何產生**意識**與**認知**的生理機制，依然是當下的前沿課題。

（二）知識原本就是權與利的源頭

拾獵時代的小股家庭人群，成員不多，生存挑戰嚴峻，本能形成的階級與權利制度裡，首領、階級、權、利，相對原始，跟狼群也差不多。人類聚眾定居農耕之後，「文明」了，部落與城邦的社群人數大增，階級與權利的複雜度大增，並迅速分化。專業大量**分工**的結果，**信息與知識更大量積累**，成為權利的來源，這是一個很**人性**的進化，不像狼或獅子，只要體魄強健就行。

倚賴技能與知識的進化而成為頂級掠食動物，人類是開發知識最多的物種，這是人之所以為人、遠超所有生物之處，萬物之**靈**嘛。知識是人為的，必須後天學習才學得會，生化基因組並沒給人類遺傳「知識」，需要「教化」來複製。技能與知識一直是人類教化的主要內容，比重不下於道德、倫理、宗教信仰等文化規矩。

農業對拾獵而言是萬年前的高新技術，所有農業相關的技術都需要從零開始摸索，那時候人類眾多的（腦／心）相當集中於開發新的技能與知識。比如，對氣候、季節、天文

的規律與紀錄的掌握，幹這技術活的人，發明並運用符號是必須的，而太多一時無法回答或解釋的疑問，歸之於神靈是原始**理性**的最好發揮。於是**宗教信仰**應運而生，祭司成為掌握神權、天文、氣候、占卜等神祕力量的**階級**，那些原始象形字符實際就是這個階級的創造，也只有他們看得懂。以那時的生存與學習狀況，傳授給工作與生活在一起的子弟們最有效、可行，這強化了**宗教神權**的祭司階級的形成。

同樣的情況也發生在首領身上，社群的組織與管治，是門不同的技能，也不容易傳授或學習，這方面的**經驗**與**知識**也是形成**政治王權**與**貴族階級**的推手。西方哲學家、史學家一直說不清**城邦王朝**的源起，而中國歷史故事倒蠻清晰地說白了：夏王朝的**啟**（大**禹**的兒子）把部落聯盟管治權**私有化**為家族資產，在王族階級訂定的權利制度下傳給子嗣，「化**家**為國」，這才是「國家」的起源。現代考古挖掘出許多夏代遺跡，大致確定夏城邦王朝在河南偃師二里頭附近。事實上，工、匠、商、藝等**知識**，都是形成各個階級的基本原因，**技能與知識是權利軟體的基礎**。文明早期的分工，使得必須長期專注學習的知識集中在專業分工的人身上，近水樓臺先得月（信息與資訊），一起生活的子弟們自然容易成為**專業知識分子階級**。但**階級**、**權**、**利**是涉及利益分配的構架，相當固化。

（腦／心）在這裡發揮的作用很微妙，權與利的算計，

公與私的拿捏，心理狀態是交叉不明的。可以確定的是，規模集群的農業文明的人口數量級，加上社群本能的階級與權利制度，使得人類從此進化為政治動物、經濟動物、心理動物、慾望動物。而拾獵時代的人類要單純得多，那時候的本能主要目的只是穩定社群、適存、繁衍而已，沒複雜到具備私有的「權利」或「慾望」的人為目的。

規模聚落與城邦的開始也是人類「歷史」紀錄的開始，因為那時已經進化出符號和文字的表達，從此不但有了更多人類社群的活動紀錄與數據，（腦／心）的聯網也更加廣泛，因為可以聯接到時空連續體上留下印記的其他（腦／心）的表達紀錄。

眾多（腦／心）互動作用下的階級與權利制度，直接定義了「人性」。階級與權利制度的原始「獸性」的表達方式很實在，一隻雄獅或雌鬣狗，基因再好，都得通過大自然的驗證：它得強壯到打敗其他菁英而成為社群首領，在它一生年富力強的短暫時光可以統領社群，僅此而已。而「人性」的表達則倚賴人為的權利階級體制來「遺傳」政治王權及其貴族階級的存在，不需大自然再來驗證他們是否「菁英」，只看王朝能夠延續多久，平均約百年。平行的工商金權階級也一樣，富不過三代，流變性很大，無產階級發了財就是資產階級，資產階級破了產就是無產階級。社群體制全看是什麼權利階級定的規矩、怎麼成為文化習性的，沒人會制定不

利於他們自身權利的規矩，所以政治王朝才會歷史輪迴，因為覬覦王朝政權的人太多。奴隸與底層平民不斷起義，因為永遠看不到翻身的希望。

科技進化太快，工業革命後，大都會區的人類聚眾至千萬人口數量級，電訊、網路、大數據、AI等科技又實際全球化了所有城市社會，但歐美引領的資本主義道路卻已走盡：現代金權已經獨大，10%的資產階級上層也已占全球70+%財富，資產階級極權剝削到這程度，再無可「進化」的了。現代人在科技與知識方面的加速進化趨勢未嘗稍減，人文、藝術、政經社管治方面則相對停滯，政、商二界已然到了謊言充斥的程度，怎個「騙」字了得，不知何以為繼？！

從石器時代開始，「群」、「智」，始終才是那隻「看不見的手」。單一（腦／心）不夠用，需要眾多（腦／心）聯網。但科技已經進化到使得現代人認知到全球生態環境的一體性，除非執意自毀，人類物種不能再透過人為的權利制度肆意損害地球而不傷及自身或後代。當下和未來的人類，肯定不再需要現有的政經社體制，知識帶來的進化優勢也無需繼續再被人為的階級與權利制度「專利」。

現代人算是明白了，人類的「進化」，本質上是社群與知識的進化，但進化的好處絕大部分被私有化與家族化的「階級、權、利」體制撈去了。

CHAPTER 3

已經走過的路

演化既然是跟時、空、路徑關聯的，而且無法回頭重新再走一次的事件，那真得看看我們人類是怎麼走過來的一個存在。

（一）成為掠食動物

首先，現代人也還沒搞清楚地球自身的冷暖週期變化，總之，上個寒冷的冰期改變了地球大氣候，東非變得乾旱、森林面積縮小，人類老祖**直立人**只好跟黑猩猩在東非大裂谷的叢林分支，進入稀樹草原與山地去討生活，這事發生在約5-8百萬年前。直立人的主要特徵：平均850cc的大腦是黑猩猩的兩倍多，直立行走，空出的雙手就此演化得更靈巧，促進了**工具**的使用，以及**智能**的發展。直立人拾獵為生數百萬年，設計、製作、使用石器，**這智方面的進化使「人類」晉階為「掠食動物」**。直立人2百多萬年前就自然擴散出東

非，在亞歐大陸板塊各地留下遺跡。

　　大約50萬年前，直立人在東非分支出「尼安德特人」（尼人），腦袋比後來出現的智人還大，尼人向北擴散出東非，進入中東與歐洲。大約40萬年前，直立人在東非又分支出「智人」，智人配備了1350cc的大腦。約7萬年前，智人也一小股一小股地自然擴散出東非。沿紅海西岸向北擴散的幾支智人，在地中海南岸向東、通過小亞細亞走向了亞洲和歐洲，約4.5萬年前到達中亞。那時正逢冰期，北半球大半年被冰雪籠罩，生存壓力使得這幾支智人的群落規模有所擴大，考古發現了百人數量級的群落遺址，氣候使得他們必須獵取更大的冰原動物（例如猛獁象），說明這批智人在**群**與智的功力上有所進化。而對冰雪氣候的適應使得這批智人演化出**黃、白族群**，並留下跟尼人混血的證據。可考的最後一支尼人4萬年前在西班牙的地中海邊滅絕，最後一支直立人則1.5萬年前在印尼一個海島滅絕。**智人是人科動物唯一倖存的人類物種，現代人都是智人的後裔。**

　　擴散出東非的智人之中，也有沿阿拉伯半島南岸進入伊朗西岸、印度次大陸西岸、印尼群島，5萬多年前就擴散到了澳洲。沿途還分支擴散至菲律賓、臺灣、中國大陸沿海、日本、美洲西岸，約3.8萬年前到達洛杉磯附近。這批**海路**擴散的智人，帶有布須曼人血緣（小黑人），現代分子基因學證實了現代澳洲原住民、布里亞特蒙古部落、日本北海道

原住民蝦夷人、中國白瑪藏人（實際為氐人）等的布須曼人成分。6-7萬年前冰期那時的海路只是近岸漂浮，海平面比現在低約120米，眾多陸橋便於海路擴散，遷徙中對各地環境的適應也使得海路智人的膚色變淺（棕色）。

直立人經歷過漫長的、以石器為工具的、小股社群的拾獵時代，才進化出我們這支智人。就考古數據而言，智人腦容量約直立人的一倍半大，智人的石器比同一時期的直立人的石器更複雜、精緻、好使。考古未發現10萬年之內的直立人石器，邏輯上，直立人那時就似乎滅絕了。現代人說不清楚直立人是怎麼滅絕的，就智人遺址曾有獵食類人猿的跡象而言，加上，冰河期的智人擴散所到之處都伴隨著大型哺乳動物的滅絕事件（比如，北亞的猛獁，美洲的野馬、劍齒虎等），不排除直立人也許曾在智人的菜單上而導致滅絕。但這也不排除智人有其他方面的進化優勢，從而把直立人或尼人逼向滅絕（比如，吃光了他們習慣的獵物）。

無法追蹤人類從家庭小股到家族小群的過程，但百人以上的群落遺跡顯示，他們應該已經具備起碼的語言、溝通、協調等軟體，畢竟這麼大的社群並非拾獵人群的常態。現代發現相當多農耕前期的遺跡，社群擴容的跡象相當明顯。農業的量子飛躍，不是大跨度的單一演化事件可以完成的，群與智，是相互刺激的進化過程。「演化」不是人類可以設計或實施的試驗，大自然只是恰好「天擇」了可以適存的機

制，結果是：人類的集群確實進化了，從小股、小群，到小眾、大眾，現在達到涵蓋整個人類物種！

集群是需要彼此熟悉的，**認同**最簡單的動作是**模仿**他人。笑靨、打哈欠等的不自覺感染，是此類無需學習的**群性**本能的反應。但社群的規矩、語言、技藝、知識等等是必須後天學習才會的，無法經由生化基因組的遺傳獲得。由於是社群直接適應具體環境條件而發展的文化習性，以大腦為載體的智人之智，便成為最具適應性的生存辦法。社群的進化就是智人的進化，實際上標誌著大自然演化出**群**的第一本性之外，還透過每具（**腦／心**），把人群後天設置的語言、道德、倫理、信仰、規矩、風俗習慣、技術等賴以存續的軟體，不斷複製到後代，讓後代習以為常地成為不自覺的第二本性。**文化基因**牢固的程度經常不下於不思而能的第一本性，事實上，習性的作用便是把群體的「文化」加以「本能化」。後天安裝的軟體包，當然可以修補、增添，越改越完善，是個持續積分的效應。

人類的生存始終跟**技能**掛鉤、跟**集群**方式掛鉤，兩者都是人為的。用火、扶傷、葬死，都是直立人的文化軟體，智人都繼承了下來，而且持續積分。現代人只能想像我們萬年之前的先人，在冰期的雪地裡集體獵取猛獁的光景，他們人數不多，怎麼組織、協作、隨機溝通的？而農耕，更是萬年前的「高科技」，牽涉需要平行就緒的其他技術：穀糧要

煮，就得陶器；菜餚要無毒和方便供給，就得馴化動植物
種……，這些要在石器工具的水準上開發齊備，絕不是一兩
代人的積澱可以做到的，那是個慢慢試煉，積累經驗、轉型
的過程。而一旦成功轉型，比如，五千年之前出現部落和城
邦，文明加速積累，便是現代人熟悉的歷史故事。

　　這裡當然有許多關鍵門檻，包括集群到部落、城邦、國
家的**人口數量**。整體來說，社群的組織、技藝的進化都是積
分的過程，好比輪子，發明一次就夠了，以後就搭在輪子
上、以輪子的速度去開發相關的應用，所以，文明以來，技
術、知識、政經社文化等等的演化越來越加速。而無論怎麼
加速，學了就會，不學就不會。

（二）生命似博弈

　　文化是人為的軟體包，要怎樣成為人的「標準裝備」
呢？前面談的幼兒本能地學習母語的過程，其實已經點出方
法：**教化**、重複練習、直到大腦「對號入座」，通悟了詞語
與事物的聯結，然後，依然是重複的練習，直到成為不假思
索的神經**通路**，（腦／心）瞬間自動聯結語言的意思。人類
所有的「文化」，包括硬體軟體的社群規矩、語言文字、思
維模式、技能等等，都是這樣學來的。學習，當然要有人
教，而家庭親人是天然的老師。長長的幼稚期的演化功能，

就是要發揮人性的學習、模仿、抱團、集群等的本能！幼兒學會語言的過程，同時也是被「**教化**」的過程，哪個詞聯結錯對象、哪個語法錯位，不斷的強行糾正，直到按規矩表達、大家都能明白。語文尚且如此，行為上的獎懲規矩就更直接，目的就是要從小習以為常、不知不覺地反應，本能似的牢固，第二本性嘛！

人的生存既然離不開集群，教化就無所不在。科學地說，一切文化都是不斷「洗腦」灌進去的，這並不奇怪。「教化」是個潛移默化的過程，絕不止上學而已。各種時尚流行的本身，無論食衣住行、藝術、娛樂……，都是一種人造的、群性的文化行為，而且也是一種教化或洗腦。現代廣告、媒體，以及政經社話語的核心，不就是重複轟炸人腦、直到「習以為常」、「信以為真」。

但，集群並不是智人才有的本事，群居的哺乳動物都有這本事。

大自然只用一個標準來決定留傳哪個**群**：不能生存下去的群，文化基因自然就不會傳下去。演化很酷烈，生存不下來就被淘汰，哪怕是運氣因素。不過，能一直存續的群，數學統計就無所謂運氣了。

這裡必須介紹美國的**約翰・納許**，1994年以**博弈論**獲諾貝爾經濟獎，他其實是個數學家，一生飽受精神分裂症的

折磨。納許能夠把博弈那麼不確定的事整理出規律、給予嚴謹的數學證明，科學地揭示了另個大自然的隱祕秩序，這也是人類最重要的發現之一，不下於愛因斯坦的相對論！

　　納許發現的是，針對博弈的遊戲規則，數學上存在一個各方利益最大化的策略，這就是「納許均衡」Nash Equilibrium。英文的Equilibrium只可譯做「均衡」，是動態系統達到相對穩定狀態的用詞，跟靜態系統的「平衡」balance用詞，不是同個概念。數學推演出來的納許均衡不關乎人的意志或心理預期，是個數學上存在的狀態，這立馬被應用到現實社會中，包括股市、策略、公司經營、心理學等。囚徒困境是人們比較熟悉的相關推演，相應的社會學或人類學的電腦模擬也不少。

　　生命演化，生存與繁衍的競爭如同博弈，適用納許均衡的數學意義。物種之間與物種之內的競爭目的，無非就是個體的適存與種群的繁衍，涉及廣泛的種群內與種群外各式各樣的競爭手段與策略。但最優化的演化策略卻是數學的納許均衡；比如，個體要生存，自然會傾向於利己egoism；而種群要延續，自然會傾向於利他altruism。以這兩個為參數來推演的結果，跟囚徒困境的結果類似：如果所有個體都完全只利己，那個社群崩解得相當快，長久存在的概率不大。一個群體的穩定存在，需要在利己和利他之間達到均衡，這就是人群社會的**道德**與**倫理**所展現的生命的隱祕秩序。**生**

態，也是納許均衡的引申。很辯證地，簡化的囚徒困境下的
人群選擇裡，選利他最終會導致利己，反之則不然！可以
想像在時空上出現過許多群體，各自開發了維繫社群的文化
規矩，結果，最能延續的群體、連同文化規矩，被複製得最
多。大自然「天擇」了最優的生存競爭方式，最大化地均衡
各方的利益，「**群**」也在進化！

綜觀人類各族群的道德與倫理，對愛恨情仇的規範其實
相當共通，都有不亂倫、不食人……等倫理禁忌；也都提倡
誠信、公平、正義、仁愛、包容、平等、自由……等等道
德，而且這些規範的差異並不太大。這些自然演化的結果，
其實就是大自然納許均衡的表顯，人史並非無序、也不只靠
偶然。總的說，人類文化基因是越來越人性化或人道化的，
倫理、道德，有其演化上的深刻功能。

人類的道德、倫理、宗教、信仰、葬死、扶傷等行為，
形成得非常古早，在智人擴散出非洲之前已經就緒。美洲
原住民跟亞歐原住民隔絕了1.5萬年，但美、亞人群都展現
一樣的歷史發展軌跡：拾獵、遊牧或農耕，家庭或家族、
部落或城邦、國家。甚至留下同個音詞及其相關的現象：
「薩滿」，「跳入神界之人」或**巫師**的意思，當下泛蒙古部族
也叫薩滿、佛教的「沙門」，都是同樣的發音，並也同樣是
「通神之人」的意思，相應的儀式、舞蹈猶有幾分雷同。可
見人類對「神靈」的想像與「認知」，非常古老，不會晚於

美洲原住民祖先跟泛雅利安族群祖先分支的年代（約4萬年前）。當下非、澳、美洲叢林仍存在相當與世隔絕的原始部落，但宗教、道德、倫理、禁忌方面的相似度顯示：人類這些文化基因可能在擴散出非洲之前已經開發出來。人群的進化，是有跡可循的。

（三）集群出文明

　　群與智，是相互刺激增長的，關鍵是人數：（腦／心）的數目。社群越大，聯網的（腦／心）越多，進化得越快。萬年前左右，集群定居的**農耕技術**漸漸被人類開發出來。人類社群迅速擴大為「部落」「城邦」，這是千人、萬人數量級的社群規模了；經驗與知識，「軟實力」開始成為「生存競爭力」。5千-1萬年前的**農業文明**，全球遍地開花，例如，**環地中海南岸**的**埃及**尼羅河流域、**美索布達米亞**兩河流域、**愛琴海**周邊，以及，中國的**長江與黃河**流域等地區。5千年前就積澱出**埃及**、美索布達米亞的**蘇美爾**、中國**良渚**等城邦世界。在不適合農耕的亞歐大草原上，那裡的部落也開發了**遊牧文明**，馴化了馬匹和牛羊，逐水草而居。各地人類社群演化的歷史軌跡完全一樣，家庭、氏族、部落、城邦、國家，連**階級與權利制度**的模式也雷同：不外乎**神權**、**王權**、**金權**的組合，反映著社群人數漲大的政經社歷史過程。

　　美洲原住民約1.5萬年前從亞洲東北角擴散到美洲西北角，當時亞洲大陸跟美洲大陸通過白令海峽的陸橋連接，由於美洲原住民的基因相當近似，現代分子基因學估計當時擴散進入美洲的只是一小股20人左右的群體。那時的人類早已是頂級掠食者，他們進入了沒有競爭者（沒其他人類存在）的遼闊大陸，迅速增殖、繁衍、分支、擴散及於南美洲。但要到3千年前左右才在中美洲引爆出**瑪雅**農業文明。由於完全跟亞歐大陸**隔絕**，自主開發的美洲農業文明所種植的作物（玉米、豆類、薯類）跟亞歐大陸（稻麥類穀糧）完全不同，這是適應低緯度環境的結果。美洲農業文明比亞歐板塊晚約4千年，或許是人群數量的原因，人群需要足夠的（腦／心）數目才可點亮集群定居農業的文明火種。然而，美洲人群的歷史演化軌跡跟亞歐板塊的人群一樣，這只能用**共同的人性**解釋。

　　拾獵時代的人類，只是30人左右的家庭社群，需要更多的**群**與**智**的試煉來開發、過渡到農業（或遊牧）的生活方式，這是萬年數量級的漫無方向的演化，並且在確定農業生活可以養活整個社群之前，生存壓力使得人們不會貿然放棄拾獵而轉型。這裡，馴化動植物的專業經驗與知識必不可少，以確保葷素食物的穩定供應。陶石材質的鍋碗盆勺炊具也必須開發，不然怎麼烹煮糧食。種植、收穫、庫存，再再都需要**技術**、**知識**、**計畫**、**組織**，**分工**、**管理**。大量互

動的**人的因素**，使得（腦／心）演化的越來越複雜。但這些並不是預設的程式，某個大腦想出個可種植的主意、某個大腦又想出怎麼煮食的主意……，再慢慢兜成「系統」。實現這些構想的歷程，就是我們所不知道的「**史前史**」的漫長演化、繁瑣而關鍵的細節部分！

除了上述幾項技術，農業文明還需要其他不可或缺的配套軟體：氣候、季節、天文規律的觀測、統計、推算，灌溉水渠的設計、修建等等，必須發明一些符號才可記錄、計算、溝通、協調、計畫，並且必須由具備專業知識的人來操辦。這顯然不是家族式小群的數量級可以承擔的。然而，所有關於人類文明的記述，**部落、城邦、王朝、祭司**，似乎忽然遍布全球。實際上，千人數量級的社群沒少經歷過無數個首領以及時間、運氣等的磨煉，方能以**城邦王朝**的名片登場，只不過農業文明聚眾到城邦的地步，至少發明了文符，並有所記述，顯得是突然「爆發」而已。

城邦王朝的實質內涵是確立政經社管治體制，及其權利繼承的規矩。王朝嘛，必然是**集權**的，帝王當然有極大威權；但**神權**（農業生產季節與天文規律的掌握、**知識與教化**的相關權利），**政權**（管理、組織等**政治**的相關權利），**金權**（分工、分配等**經濟**的相關權利），仍需專人各司其事。這些實際也就是規模人群的政經社管治。遍地開花的城邦王朝，一開始就相互兼併，幾無寧日，既然有**王**的念想，那就

人人都想當**王**、並擴張領地唄。

　　歷史，是成功倖存者的記述，但考古發現所有文明萌芽期的「城邦王朝」體制都是祭司階級的**神權**跟首領及其貴族階級的**政權**並行統治的。這樣體制的城邦當然不是憑空發生的。**階級與權利制度**是怎樣從原始的天然體制進化為城邦王朝體制的？看看早期城邦的共同點就知道了：小國寡民，文化、技藝、知識正在萌起，沒有哪個城邦可以完全自給自足，生活必須**交易**或**掠奪**，暴力與智力的菁英都自然成為**階級**，並分得**權**與**利**。集群人數雖大了許多，但一切都需要人力，生產和分工的人力不足就只能依靠擄掠或交易來的大量**奴隸**，奴隸成為財產，是可以捨得犧牲的**人殉**物資。**文明早期的城邦或部落都有奴隸，這是那時人類的階級與權利制度的基礎之一。神權階級的存在，反映了那時的規模集群對知識和教化的需求。政權階級，反映了原始天然的暴力管治機制，而金權階級則反映了社會對分工、分配、流通的經濟需求。**

　　各地人類早期的王朝城邦世界花了約 3 千年時間兼併為集群規制更大的**帝國（國家）**，國家的領地和資源相對容易自給自足，但人數使得**階級**與**權利**制度也進化得更加複雜，透過社會教化的複製而成為人類的文化基因：交易與掠奪依舊，不過已經不只是滿足生存的需要，而是滿足權利與慾望的需求了。逐漸增長的人數，使得政權、神權、金權各自

都相應建立一個隊伍來實施具體事務的組織與管理，於是出現了依附在權利架構裡的「**官僚**」階級。人群高度倚賴**官僚階級**，這階級的成員主要是**知識分子**（許多是權利階級子弟），但**專業**與**知識**的門檻本身也是隱形的「階級」。所有官僚都是執行**權**與**利**的中間利益團夥，歷來都分食相當份額的稅收。膨脹、自肥，是人類所有「吃公糧」的官僚階級的規律，古今中外沒有例外的。但這是天然的熱力學規則，聚集為有秩序的「文化」群體是需要人類付出代價的，各種**階級與權利制度**項下的付出，跟**天下沒有白吃的午餐**是同樣意思。

各地人類都經歷過文明早期的城邦世界景象，也就是中國歷史形容的「萬國時代」，人類逐漸積累起了知識與文化，集群規模日益增長。到了 2500-2000 年前時段，集群動輒十萬、百萬的王國、帝國比比皆是，這時「國家」的政權實際已將神權邊緣化。到了 300 年前迄今，經濟金權更已成為階級與權利制度之首，隱身在一切權利背後、操縱一切。人類的階級與權利制度的演化，大抵如此。

西元前八世紀的古希臘演化出王朝之外的城邦類型，由「公民」共有城邦、做為公共資產，公民有議政與分贓的權利，但有納稅和服役的義務。新公民入夥需現有公民們同意，而**神權**與**政權**對城邦社群的管治依然必不可少。神權依舊歸祭司階級，政權依舊需要**首領**來指揮、運營，只好從有經驗的世族裡推選（實際是另類的貴族），現代人不清楚那

時的選舉程式和規矩。倚賴**交易／掠奪**的、小國寡民的**奴隸制**希臘城邦世界，經常合縱連橫、結盟互毆，存在了六百年，直到被**亞歷山大帝國**統一。古希臘世界是此後至今包括羅馬帝國在內的歐洲各「民主」帝國、王國、公國、侯國的理想原型。

除非斷滅，哺乳動物的**社群**都是一個**連續**的存在。任何時空點的社群，都具備一個把成員黏附在一起的**階級與權利制度**，及其**文化**。現實地說，《**階級、權、利》體制直接反映了人道的「進化」層次**，在狼性跟人性之間，社群的性狀可以很多樣，這裡，納許均衡實際聯結了天擇與人擇，人群自身就是人道的最大驅動力。

王權（政權）、神權、金權的產生，都是本能驅動的，有各自的演化功能與需要，並且都經歷了文明以來的進化，方才有當下人類社會的表現。杭士基2018的著述《誰統治世界》裡深刻反思當下的美國問題，反映了資產階級專利的利潤掛帥的資本主義的災難性。過去5千年裡，王權、神權、金權獨大或不均衡的時候，都導致社會退化，基層甚至淪爲人間煉獄。問題不在於自由、民主的話語，而在於平等、公義的實踐對維持「**人性化」的人類** 的作用！比如，「**經濟」目的，可以是生態環保，或是資產階級的利潤，前者的人群會溝通協作、後者的人群則會按叢林競爭法則操作，教化出來的人性有天壤之別。人類的「階級、權、利」會繼**

續存在，但政經社運作體制會隨著社群目的的轉變而進化。

（四）成為心理動物

　　哺乳動物的進化動力來自**群**、**智**、**腦／心**，人類是其中之最：數量最大的種群、最高的智慧（IQ和EQ）、最複雜的（腦／心）。在這些本能和韌體的作用下，人類進化成地球上第一個也是唯一的「**心理動物**」，具備不可思議的**意識**、**情感**、**思想**、**知識**、**慾望**，以及由此衍生的獨特軟體能力：**算計**與**計畫**（哪怕根據虛擬的心理**預期**），**藝**與**文**的溝通（確保**集群**本能落實到人際層面）。前面簡單交代過現代對（腦／心）**韌體**的運作與機制的模糊了解，這仍是當下最前沿的科研領域，不過已足可讓人感覺到人類對遊戲和博弈，有本能上的愛好：創作遊戲規則、玩遊戲、賭博，刺激到嗨。

　　基本上，（腦／心）韌體是相當閉環的運作，可以跟人體感官系統隔離（亦即，跟外界輸入的信號分割），沉浸在自我的情境或意境裡。即使在同個社群文化裡薰陶，電子遊戲、瑜伽、靜坐冥想等等「體驗」，難以人際分享或溝通，只因為路徑依賴的腦神經系統不是同顆大腦，所產生的心智、心理是不一樣的！這也是人之所以為人的「人性」之一。

　　雖然宏觀事物不應該因觀察者而異，但每個人對同件事

的描述不會完全一樣，尤其是關聯到身在其中的社群事件，不可能超越時空與文化環境的路徑影響，主觀差異是必然的，歷史記述也就充滿了費解的「公案」。卷首我提了幾個今古看法出入較大的事例，之所以拿**「階級與權利制度」**來做破題的篇首，因為這是遮掩不住的哺乳動物的**社群本能**。既然是人群的必備，捅穿這事實，人史就容易看明白了，許多疙瘩不就是利益嘛，武力對等就談交易，不對等就打砸搶嘍。而發生重大天災事件的時候，那已經不是利益、而是生存問題，不掠奪地緣鄰居或遷地為良，又如何過關呢。

3-6 世紀，蠻族入侵並落戶歐洲，實際等於滅了羅馬帝國並占有其地，方才有耶穌教教化下的歐洲各國出現。中國則五胡亂華，南北朝折騰到隋唐再次統一。**今日的歐人、華人，都是這個時段各族群的文化和血緣大攪拌、大混融的結果。**對歐洲各國而言，經過13-18世紀長達約500年的**文藝復興**和**啟蒙運動**實質的**文化大革命**，文化上**認祖歸宗**於理想化的**希臘—羅馬**以掙脫知識黑暗的天主教會桎梏，但既非羅馬帝國臣民、而是征服者，當然不會自認為是**蠻族**，所以**政治正確地稱蠻族入侵為族群遷徙**。對中國而言，情況完全不能類比，遷徙落戶黃河流域的遊牧族群跟當地倖存的漢民混融為北方華人，而至少百萬漢民先後南遷到長江流域跟當地原住民混融為南方華人，一個中國依舊，但注入了新的文化和血緣，所以**政治正確地稱五胡亂華為族群融合**，並且這只

是**第一次**！此後直到20世紀，還有**第二次**到**第五次**的外族
入侵與統治，每次都南北大攪拌，並且都擴容了中國的文化
和血緣的組份、甚至版圖⋯⋯。

　　這些公案，要攤開人史、整合來談，才會有清晰輪廓。
卷首我還提到2500年前戰國時代的中國「**小農經濟**」，占
人口80+％的小資產階級自耕農，現代自由經濟體制都不敢
想、也做不到，怎麼管理而不散架，太超越！實況只能從留
下來的記錄與數據去拼湊、摸索（包含諸子百家的記述）：
當時的**法家祖師爺是大儒荀子**，其弟子李斯等針對列強君
王「富國強兵」的欲念，以大數量小農做為稅、役之源的辦
法，嚴刑峻罰地施行，便是「**法家**」。但當時的道家、儒
家、墨家等已經是基層「人本」與「民本」的思想，成為此
後中國知識分子的主流。說來話長，下面再敘！

CHAPTER 4

人史就是個大數據庫

（腦／心）多＝數據多＝公案多

　　人史當然是眾多個人微歷史集成的，而微歷史常常是個體信息碎片，所以每件考古或文藝表述都彌足珍貴，雖然微歷史還遠不等於「歷史」。嚴格說，歷史記述是人類有了文字之後的事，對數千年前還在艱難求生的古人而言，要有文字、還要能識字已經很不容易，更要「客觀」記述，未免太為難了。但無論有多麼主觀，記述本身就是數據，真假的程度需要考據和研判罷了。在電訊、網路、大數據、AI都相當大眾化的現代，人們越發看到：人性喜愛新奇與模仿，風俗習慣、技、藝等文化軟體，經常以時尚流行的方式擴散，知識與認知都趨於**全球化**，任何阻抗都擋不住這個趨勢。原因顯而易見：科技進步＝交通方便＝信息交流增加，千年之前各族群因距離而隔絕的態勢一去不返。事實上，五千年來

有個數據確鑿無誤：人類不斷丟失早期開發的文化基因，現代人即將失去草原遊牧與叢林拾獵的智慧，並且**語言**的種類也大幅減少。

人史不必全然是正經八百的主題，能夠傳續下來的神話、傳說、詩歌、戲曲、藝術等等，都反映了古人想表達的東東，包括族群的經歷、事件的闡釋等等；這些故事都含有歷史信息。比如，3千年前的古希臘城邦強調哲學思考遠超對歷史的真確紀錄，古希臘人以詩歌吟唱曲折反射歷史的神話故事，以戲曲演繹英雄悲劇，無論是亂倫或父子相殘或權利制度下的慾望扭曲，戲劇化地普及了希臘社群的教化。吟唱者或表演者需要背誦、編劇、演戲的功力，最好能感動群眾到淚流滿面，希臘表演藝術與其「民主」方式非常合拍。

這裡只是說明，故事裡也可以出「歷史」。特別是，中國歷史數據實際驗證了許多古希臘悲劇故事在人間的現實性：戰國時期的趙武靈王、齊桓公、宋襄公、秦穆公等等的事蹟，正是同時段古希臘人關於亂倫、父子相殘、愛情、復仇、信仰、勇氣、意志等悲劇情節在人間的實際發生！無非中文難學，西方人不知道而已。如果知道，歐美也就不必硬掰許多神話為史實般的存在，只需輕鬆指出，中國歷史存在如此這般案例，所以，神話故事可能影射了某段史實。人性畢竟相同，什麼族群都有「異類」和「異議者」，不如拿別人跟自己的「同」來襯托自己跟別人的「異」，至少溝通是

完美的。

　　現代分子遺傳學者認為埃及以東的現今人群都源自東非（見**威爾斯**Wells《人類前史》）。但當下歐洲和中國都有熱衷於「多元趨同進化」的說法，想要推理各地智人是早已擴散到各地的直立人「進化」的後代。直立人在200萬年前就已擴散及於亞歐板塊各地，如果直立人適應各自環境而生存演化為獨立種群，猶如獅、虎或馬、驢的地域分支也是百萬年數量級的事，即便它們之間猶可交配出個體，但這些個體之間不能繁殖（例如騾子），所以不成其為新物種。智人就是智人，縱使沾有少量尼安德特人基因不足大驚小怪。智人進化的（**腦／心**）結構、機制、功能經過科學的解析，要「多元趨同進化」到完全成為同個物種是不可能的，等於說各地的獅虎豹等大貓會自然進化為單一物種，這不過是人們「地緣民族主義」的話語作祟，科學上完全無據。

　　如果把科學專業的資料剔開，「人史」記述的不過就是個包羅萬象的大數據庫，幾乎所有政經社相關的疑問都能在這裡找到八九不離十的解答，包括卷首的各項提問。

　　比如，現在知道：英文很難表達「中華」這概念，而華文「西方」的概念是有時域性的。所以，西方憑什麼或美國

憑什麼、中華憑什麼或中國憑什麼，是不容易談的宏觀話題。學問再大，若不能理解、詮釋、溝通這類問題，那要學問何用？

前兩章概略地描述了人的歷程，恐怕已經是現代人能夠理解的極致。現實境況，比如，東亞「中華」對比「西方」（18世紀之後專指**歐美**，7-17世紀專指環地中海南岸至中亞的**伊斯蘭世界**），還需許多註解。而大自然在地球上滋養萬物，的確存在許多不可逾越的邊界條件，明列在此，實際是人史路徑數據的一部分：

1. 自然演化出來的群性本能使得**階級與權利制度**成為管治人群的的基礎，但人群規模都是由少而多、慢慢適應與進化而來的。

   人類文明之初無不經歷小國寡民的**部落**與**城邦**的過程，**城池**防禦措施顯示那時候的**交易／掠奪**生活方式，**戰士階級**與**宗教神權**階級成為必需，這樣的演化也許進行了萬年數量級的時間，然後才有5千年前，**環地中海南岸尼羅河流域的埃及與兩河流域的蘇美爾、中國黃河和長江流域的賈湖與良渚**等，早期文明的聚落與城邦的萌芽。

2. 各地「萬國」似的城邦世界存在過不同形制的**中央**

集權結構，流傳至今的邦國只剩兩種，**一種是5千年前環地中海南岸的埃及與蘇美爾就已開發出來的「王朝」城邦，一種是3千年前環地中海北岸希臘山地開發出來的「公民」集體所有的奴隸制「民主」城邦**。由於**環地中海文明圈**緯度偏高、氣候較乾旱，那裡的邦國一直混搭著多元的農業城邦和遊牧部落，**人性**使得城邦國間互鬥，環地中海地區很快兼併為少數「帝國」的世界，其統治的霸權序列是埃及、蘇美爾（含巴比倫、亞述等）、波斯、亞歷山大、羅馬、阿拉伯等**帝國**。西元前1世紀的羅馬帝國是由環地中海**北岸**的一個希臘式奴隸制羅馬城邦國發展成大帝國的，把歐洲各地導向了希臘文化與耶穌教一神文化的混合。而7世紀阿拉伯帝國的大征服並沒改變環地中海**南岸**原本的王朝文化習慣，僅只注入了伊斯蘭教的一神信仰。然而，發生在**中華文明圈**的案例則大不相同，東亞中華世界經歷近千年混戰之後，在西元前3世紀被**秦**、**漢**帝國統一了政、經、社、文化，並從此成為中國特色。

3. 3-6世紀遊牧民的大遷徙、大攪拌，使得歐洲與中國兩大地區各自發生血緣和文化的大混融。當今的「華人」與「歐人」實際都是這批遊牧民的血緣後裔，但「民族主義」話語，使得今人刻意模糊了

這段歷史。此外，5世紀起，中華全境已是準佛教世界，而那時環地中海北岸的歐洲已成為耶穌教世界，南岸則後來演變為伊斯蘭世界（7世紀）。然而，**中華**與**西方**的最大差異還不在宗教或血緣，而在**文字**！西元前千年頃，拼音文字在環地中海世界流傳，方便了交易、也方便了族群保持各自的語言和文化。西元前二千年頃，象形中文在中華世界流傳，方便了族群間的溝通與混融。結果，西方世界就只是多族群、多語言、多文化習性的的聯邦或邦聯，而中華世界就只是改朝換代的統一的中國。這裡，人擇與天擇交叉，不是簡單的歷史偶然性可以解釋，比如，戰國時代的2500年來，華人早就確立了「小農經濟」模式，以80+%人口的小私有土地資產的自耕農來從事經濟生產，甚至成為中國難以「現代化」的文化基因。

4. 人性、歷史、政經社系統，是**路徑依賴**的、時空上相互作用的有機體，並且是開放的、信息交換的**複雜**系統。裡頭的個體各自有生存繁衍的目的，其多樣化的行為並沒有中央控制，隨機動態適應環境，很容易「自組裝」地聚集。這在現代網路、大數據系統中表顯無遺，無論市場流行或社交群落或民粹政治都存在不少自閉性社群，都是自組裝地形成**模**

式或**風尚**的證明，一種特定邊界條件下的動態演變結果。比如，中國的小農經濟是戰國時代由上而下推行的、王朝統治階級慾求「富國強兵」的結果，雖然最早形成了龐大且絕對多數的小資產人群，卻不可能形成現代的西式「民主」社會。

5. 歷史和科學，不是算命用的，但可以增加我們的「後來有先見之明」的**知識**，減少無意義的博弈。儘管歷史記述難免有主觀成分，但做為大數據庫資料，現代人可以用電腦等高科技工具檢出更近於真實的故事。

由於 3-6 世紀的草原遊牧族群大遷徙、大攪拌事件，分別成為當下歐人和華人的血緣和文化的形成路徑，為便於敘述，就拿 5 世紀做為一個歷史標誌節點，以區別這之前、之後的歐人或華人。比如，這之前的歐洲在羅馬帝國轄下，環地中海地區的原住民，南岸的泛閃米特族群（猶太、腓尼基、阿拉伯等，半農半牧的部落或城邦民）在帝國境內商旅相當自由；北岸的泛凱爾特族群，則帝國按羅馬化程度判斷其是否為臣民。5 世紀之後的歐洲是泛日耳曼族群落戶定居的「新歐人」天下，亦即當下的歐洲 45 國人，此後歐洲也沒再經歷外族入侵事件。

　　5世紀之後的中華世界複雜一點，比起苟延殘喘的東羅馬帝國，漢帝國則完全煙消雲散，但以長江為界，北方「新華人」混有落戶黃河流域的泛鮮卑族群、而南方「新華人」則混有長江流域的原住民泛百越族群。南北方的華化程度差不多，但再統一中國的卻是泛鮮卑族群的隋唐帝國。此後，華人還要經歷多次外族入侵和統治的事件（**共5次**，直到1945）。歐人與華人的演化路徑，截然不同！直接對比數據沒太大意義，只能攤開人史來「理解」與「詮釋」。

文明與文化：5世紀之前的人史

　　文明和**文化**是兩個經常混用的詞，從演化的角度能說得更清楚些。**文化**是個**社群**現象，說白了，就是一個**群**的政經社**文化習性**，群居的動物，哪怕一小股一小股的，也無論這群的存續時間能多久，都有各自的文化特徵，人類只是進化到政經社文化習性的複雜度遠大於其他物種而已。而所謂的**文明**，一般指社群的營生方式，比如拾獵、農耕、遊牧、工業、科技等等，更近於現代所謂的**經濟活動**方式。文化與文明是伴生的，對掠食性哺乳動物的獸群而言，群體規模不大，營生的「文明」由DNA本能承載也已足夠，相應

的「文化」多樣性就有限了。人的進化來自集群與集智的本能，群體規模是一大關鍵，一旦找到維持群體壯大的營生「文明」，相應的「文化」的進化就會很多樣，並且會回饋、強化集群與集智的本能，自然演化嘛。

人類從小股拾獵到聚眾定居農耕的演化，是個摸著石子過河的經驗過程，對自然環境的適應而變大的集群是沒法預設的「經驗」，當然也不會瞬間成形。現代考古在環地中海、東亞、印度河等地區發掘出許多1萬-5千年前人群聚居的遺址，**既然是社群，自然會有因地制宜（適存的習性）、因人制宜（管治群體的階級與權利制度的習性）的「文化」存在**。綜合各地的考古發現，農耕「文明」不約而同地遍地開花。不過，7萬年前智人老祖擴散出非洲，花了3萬年才走到中亞。那時沒路、沒地理知識、沒導航工具，就是一代代地摸索前進。任何停留在地的人群很快就會跟繼續擴散遷徙的人群失聯，對數千年前的人類來說，那時候的人均壽命不過約40歲，千里夠遙遠，青壯年一代時間無法來回的話，兩地間信息與資訊是斷層的。

也許分支出智人之前，直立人已經好奇到嘗試過零星的種植行為。但農耕是個量子飛躍，需要許多種植與其他的嘗試和經驗，以及，把它們串成一個「系統工程」的思維、程式、驗證。估計「文明」之前，各地智人老祖們可能花了上萬年的時間來蓄積跨進文明所需的能量。好比農業文明之初

並無輪子，那是亞歐大草原上遊牧文明適應環境的發明，但那裡的老祖也不知花上多久時間的摸索才發明了輪子。而有了輪子之後，其他人只要看到、一般也能慢慢模仿過去，之後就以輪子爲工具去開發其他文明事項了。

歷史就是來教會我們要「事後有先見之明」的：隔絕在各地的人群都有雷同的歷史進化過程，而且人群的**史前史**都沿著家庭、家族或氏族、部落或聚落、城邦那樣的軌跡進化，並且都有**王權**（管治人群的暴力與知識階級）、**神權**（環境、宇宙、神靈事物相關的知識階級）、**金權**（分工、分配相關的知識階級）的政經社機制。這只能有一個合理的解釋：相同的人性碰到了相同的大環境條件（間冰期的地球暖化），就有了相似的進化發生。環地中海、東亞等地區的考古發掘顯示：現代人類是從8-6千年前最早的農耕聚落開始、發展爲**萬國**似的小國寡民的城邦世界（約6-5千年前的境況）、再合併爲數量不多的人口衆多的帝國或國家的國際世界（約3-2千年前的境況）。非洲、南亞次大陸、美洲各地的境況跟亞歐板塊類似，人類擴大集群規模的趨勢很明顯。聯合國目前只有不到200個**國家**，全球大半人口聚居在城市，不乏百萬人口以上的大城市。

就環地中海地區與東亞長江、黃河流域發生的歷史來看，2千多年前環地中海文明圈在歐洲與積澱出**羅馬帝國**、而中華文明圈則在中國積澱出**漢帝國**，她們各自相對穩定地

對人群社會持續施加了 400 多年的教化與影響，塑造出羅馬文化下邦國交錯的歐洲世界原型，以及，漢文化下統一的中華世界原型。這是人類步入文明之後三千年的顯著成果。

中國陸塊西部高聳的喜馬拉雅山脈與帕米爾高原，是人類難以逾越的天然障礙。對華人而言，這條線以西的地區都是「西方」，包括印度、伊朗、阿拉伯、中東、地中海、非洲、歐洲。這些不過是文化習慣造成的命名和觀念，沒什麼重要性。西方地大、族群多元，我們就從「西方」開始說起。

（一）西方：環地中海的史跡

1 萬 -5 千年前時段，文明遍地開花。種植小麥、大麥的**環地中海文明圈**，包括**埃及文明**、**兩河流域文明**，以及**愛琴海文明**（克里特島的**克里特文明**），還有近年來發現的西歐**凱爾特文明**與土耳其的**哥貝克力文明**。環地中海地區多山地與沙漠，氣候略顯乾旱，但溪河也不少，引水灌溉是這地區的農耕方式，遊牧或半農半牧（放牧）的族群也不少。兩河流域所在的**美索布達米亞**（今敘利亞、伊拉克）銜接了小亞細亞（今土耳其）、黑海、裡海周邊；這些地方實際就是 7 萬年前智人擴散出非洲到中亞的路徑之一，可說是人文地理重地。現代考古在小亞細亞的哥貝克力、卡拉漢、加泰等地

發現相當多石陣、石刻等萬年前遺跡，邏輯上，很難想像以拾獵人群的生產力來完成這些遺跡，似乎存在著相關的規模集群的定居農業。這些史前考古工作仍在繼續中。

5500年前頃，中東兩河流域的**蘇美爾**城邦世界已經存在，並已經有楔形文字，其中的**烏魯克城邦王朝**是典型代表，中央集權管治轄下的農耕城邦與遊牧族群的人衆。蘇美爾人的來歷迄未明朗，只知道他們自稱爲「黑髮之人」，並確定不是泛雅利安人、也不是閃米特人。5200年前頃，埃及第一王朝的**法老**已經統一了尼羅河沿岸各城邦，法老的王權跟祭司的神權平行存在，但法老被神化，顯示王權已經大於神權，並且埃及王朝已經有統一的、多城邦的王國或帝國的影子。

地中海南岸的各個文明在5千年前頃開發了文字，例如埃及的**象形文**、兩河的**楔形文**、克里特的**米諾斯線形文**（迄未能解讀）。但由於交易對人際溝通的需要，黎巴嫩地區以環地中海貿易爲生的閃米特族裔**腓尼基人**在3千年前頃發明了字母**拼音文字**，傳入周邊的城邦世界，成爲此後西方衆多族群和語言的便捷書寫文字，很容易轉譯，但也使得各族群很容易按語言而分化。這時，地中海北岸的歐洲、相對隔離的希臘山地環境，衍生了小國寡民的希臘式「公民」共有「城邦」爲資產的城邦世界，各城邦的公民有納稅及服役的義務，但有議政與分贓的權利。希臘城邦一開始就合縱連

横、互鬥兼併，存在了約6百年後被亞歷山大帝國統一。

4700年前頃，泛**印歐**遊牧族群（即**雅利安**族群）的伊朗人已經進入兩河流域並建立城邦，逐漸掌握伊朗全境。西元前550年，發展成**波斯帝國**（**波斯**只是當時希臘城邦對**伊朗**的稱呼），成爲人史第一個眞正意義的、較大的、組織較完善的「帝國」，兼併了埃及以及當時愛琴海東邊的希臘城邦以迄中亞鹹海的眾多部落與城邦（泛西徐等族群）。由於轄下多族群、多語言、多宗教、多文化的城邦與部落，只能因俗而治，明確地方的稅與役，廣修馳道與驛站以備迅速投放武力。君主號稱「萬王之王」，實際上是中央集權下的聯邦式統一。西元前499-449年，地中海南岸的波斯帝國數次入侵北岸的希臘城邦世界，以失敗告終。

4000年前頃，一支泛西徐遊牧部族進入小亞細亞東部高原，跟原住民（非閃米特人）混同爲「赫梯人」，是奴隸制城邦中第一個冶鐵的族群。3700年前頃兼併小亞細亞諸城邦，成爲赫梯帝國，經常劫掠兩河流域城邦世界，並擄掠人口爲奴。3600年前頃劫滅了巴比倫城邦。3200年前頃敗於席捲地中海東海岸的腓尼基人。

3000年前頃，「公民」擁有的希臘式奴隸制城邦世界興起，但城邦之間結盟互毆，雅典城邦與斯巴達城邦成爲希臘城邦世界的雙極霸權。西元前335年，希臘世界邊緣的馬其

頓的亞歷山大統一了希臘世界。西元前330年，亞歷山大大帝併吞了波斯帝國，並進軍至阿富汗，版圖西起埃及、小亞細亞，東至中亞、印度河，均受到一定程度的希臘化。西元前323年，亞歷山大病逝，遺產大致被分裂為三大塊，一塊是地中海北岸的希臘文化的歐洲世界，而歷史更悠久的地中海南岸則分為兩塊：亞洲部分（小亞細亞、美索布達米亞、伊朗）與北非部分（埃及）。

環地中海文明圈演化出小國寡民的眾多農業城市與遊牧部落混搭的邦國群，社群管治的政權主要是**中央王朝**式，而農業的富餘加速了人口增長、複製出更多邦國。農耕腹地不大，主要是**奴隸制**勞作，**交易與掠奪**的生活方式是不能自給自足的現實選擇，成為文化習性。這裡有個共同點：**城池**是防禦用的，顯示農業文明的開始也是**人際掠奪**的開始！交易／掠奪，是同一個文化的兩面，城邦世界的兼併、融合，從「文明」一開始就彼此爭戰，兩河流域早已存在據有多個城市與部落的「帝國」，包括蘇美爾、阿卡德、巴比倫、亞述等。波斯帝國只不過是領地更大、征服更成功而已，人類集群擴大化的傾向是明顯的。

波斯帝國之後，環地中海繼起的大帝國是羅馬帝國。羅馬帝國全名「元老院與羅馬公民」（SPQR），名義上是希臘

式奴隸制的城邦國，但更近於斯巴達寡頭貴族階級的管治模式。西元前44年，已經是獨裁執行官（實即皇帝）的凱撒被刺，遺囑指定屋大維爲繼承人。到西元前27年，屋大維弭平競爭者，成爲「首席元老」（即「元首」），元老院上尊號「奧古斯都」（神聖偉大之意）。羅馬帝國從凱撒開始已經是實質上的「民主帝國」、環地中海的霸權，領地包括歐洲大部在內的環地中海南北兩岸地區。羅馬帝國延續到15世紀末覆滅。其中，西元前27年至西元286年爲統一的羅馬帝國時期（大致對應更早約兩個世紀的中華漢帝國），此後東、西兩羅馬帝國分治。西羅馬帝國轄羅馬首都在內的西歐，使用原羅馬帝國的拉丁語，395年亡於3-6世紀的蠻族入侵。東羅馬帝國轄希臘以東的東歐，使用希臘語，1453年亡於伊斯蘭的奧斯曼土耳其帝國。

5世紀之前，政治上，地中海南岸一直是各個王朝城邦的世界，地中海北岸則「公民」擁有的希臘式城邦世界獨樹一格。但管治仍必須集權，只不過表面上是王朝抑或公民「專利」而已。經濟上，奴隸是必須的勞力來源，交易與掠奪也是必須的物資來源。宗教上，那時的多神是人類原始薩滿信仰的延續。

如果以6-5千年前地中海南岸的蘇美爾或烏魯克城邦王朝爲里程碑，那麼在波斯帝國之前，環地中海南岸的城邦世界早已進入兼併爲「帝國」的過程長達3千年。如果再以西

元前1世紀環地中海北岸的希臘式羅馬「民主帝國」爲另個里程碑，那麼羅馬帝國對轄下的部落和城邦徵收稅與役，跟波斯帝國的管治方式並沒啥不同，都是典型的軍事殖民與掠奪，唯一的差別是**文化**：注入了希臘-羅馬式的神話、思維、音樂、繪畫、藝術表達。

西元紀年是**耶穌教會**（即各派別的基督教）以耶穌出生的年份畫定的歷史參考節點，這使得耶穌本人的事蹟都是西元紀年後才發生的歷史。4世紀初，東羅馬帝國君士坦丁大帝一反羅馬帝國長期殘酷鎮壓耶穌教徒的歷史，開放了耶穌教傳播，西元380年東、西羅馬帝國一致定耶穌教爲**國教**，成爲歐洲最大宗教信仰。4世紀末西羅馬帝國雖被蠻族覆滅，但耶穌教及其教會成爲入侵蠻族的教化平臺，根本性地塑造了5世紀之後迄今的歐洲。

蠻族入侵西歐事件是人史的一大轉捩點，對歐洲而言，這是一波又一波的民族遷徙、動盪，甚至可以涵蓋3-7世紀時段，並不以泛日耳曼諸部蠻族占領西歐爲止。泛日耳曼諸部原是黑海周邊的白種遊牧族群集團（跟印歐人與西徐人的血緣關係不詳），語言、文化、習性的分化很多，全看後來落戶、適存的地方，包括維京諸部、斯拉夫諸部等都算「**泛日耳曼族群集團**」，類似蒙古草原的泛鮮卑黃種遊牧族群集

團涵蓋匈、鮮卑、契丹、蒙古諸部那樣。由於遊牧族群大多沒有文字，而且機動性與混合性都強，這方面的考古和考據頗不容易，只好看「專家」的意見。但這又不免人的因素，因爲涉及祖先名譽，原先的歐洲原住民（環地中海的凱爾特人、希臘人、羅馬人、猶太人、阿拉伯人等）的專家喜歡用「蠻族入侵」一詞，而現代歐洲各國的專家則喜歡用「族群遷徙」一詞、以隱示他們老祖也是被匈族遊牧民逼上遷徙之途的。總之，5世紀前後的歐洲經歷了一次血緣和文化的特大攪拌，成爲當下的歐洲各國人。

小結一下以環地中海文明爲主的歐洲在5世紀開始時候的境況：

1. 政治上，羅馬帝國從凱撒算起，統治了中、西歐共440年，統治了東歐共1498年，普及了希臘式城邦文化至歐洲全境。羅馬帝國一度包括環地中海南岸沿海部分地區，但南岸的歷史比北岸悠久得多，南岸的非洲和亞洲部分也一直在跟羅馬帝國平行的王國統治之下，並且沒受到太多蠻族的入侵，文化傳統保存了下來。

2. 歷史上，5世紀起，西歐各地都在泛日耳曼諸部的統治下，東羅馬帝國只剩下君士坦丁堡及希臘附近保持了希臘化，但東歐與巴爾幹後來也都在泛斯拉夫

諸部統治下。耶穌教成為歐洲全境各族群唯一共同的教化平臺，混同出各地的**新歐洲**人，發展出各自的語言和文化，直接就是現代歐洲各國的起源。

3. 社會上，從4世紀起，耶穌教及其教會成為羅馬帝國轄下多元族群、語言、文化的教化載體。東羅馬帝國以**希臘東正教**為正統教會，但11世紀末**羅馬天主教廷**號召西歐新興各國「十字軍東征」，以收復耶穌教聖地耶路撒冷為名、掠奪地中海南岸沿海穆斯林各邦國，並持續到1207年（共9次大規模軍事行動），天主教成為西歐正統教會。1204年君士坦丁堡被威尼斯城邦為主的十字軍聯盟洗劫之後，東羅馬帝國式微，東正教遂成為只是東歐的正統教會。

4. 經濟上，城市一直聚居著大量統治階級的「貴族」與一般老百姓「公民」，各自擁有或多或少的房舍、鄉間土地、奴隸、技藝等資產，生產各種農林工礦等商品。

對東亞而言，印度也在「西方」，就順帶說一下5000-3500年前的**印度河文明圈**，包括繁盛期的的**哈拉帕**與**摩亨佐·達羅**（現屬巴基斯坦），以及衰退期的**卡提阿瓦**（現屬印度）。這個文明有幾百個字符的遺跡（迄未能解讀），也

有跟兩河流域文明有所往來的證據，但崩解得似乎無影無蹤。印度河文明圈非常迴異、獨特，沒有王宮、祭壇、防禦設施，但有龐大的穀倉以及當時全球最先進、最大的城市，包括供水與排水系統，遠超同時段的其他農耕文明。由於印度河流域是季節性重氾濫區，考古發掘十分困難，也許會成為永遠的謎團。哈拉帕與摩亨佐・達羅屢遭洪水摧毀，幾次都在原地重建，最終還是放棄、遷徙，之後約千年，印歐族裔的「印度人」方才入侵「**印度**」。

現代對印度歷史的理解是，印度各地本來就居住著眾多**達羅毗荼原住民**部落（帶有非洲**布須曼**「小黑人」基因），印度河文明雖然崩解，但達羅毗荼族群早已挾先進農耕文化擴散至印度全境。西元前 7-8 世紀頃，由北方入侵印度的泛雅利安「印歐」遊牧民挾優勢武力如入無人之境，但除了武力之外，在文化和人數上遠落後於原住民，混同出來的印度文化非常獨特：**非暴力**、因果輪迴的思維、認命而不重視人世現實，但這些肯定不是遊牧民的典型文化。

做為（伊朗・印度）系的印歐遊牧民，印度人跟伊朗人理應有許多共通的印歐文化特徵，何況宗教與階級制度是蒂固根深的文化習性。婆羅門教最主要的古梵語吠陀經，似乎西元前 10 世紀已經存在，講述印歐人的部分跟伊朗、印度族群直接關聯。吠陀經的下限為西元前 4 世紀，其中涉及以「黑人」為敵的部分，必須是入侵印度之時才會發生以面目

黧黑的達羅毗荼原住民為敵的敘述。總之，在印度人與泛達羅毗荼諸部的交叉融合中，印度人的主要貢獻是印歐梵語拼音文字，其他方面則順應絕對多數人的達羅毗荼文化基因，以農耕的高產承載少數印歐統治階級的剝削。

印度文明締造了一個人史奇蹟：**佛教**。西元前6、7世紀之交的**佛陀 Buddha** 稱號僅只是「**覺悟者**」的意思，教主是後來佛教徒的說法。佛陀可能是受婆羅門文化影響的本土原住民貴族，思想極其超然，在絕對不平等的婆羅門教與種姓制度的社會環境裡，佛陀宣揚「眾生平等」的理念何等超前，並且還包含整個生命世界！他的慈悲為懷是革命性的，已經就是現代的生態觀了。佛陀死後，信徒們努力傳教，並以集結的方式記錄、傳頌佛陀的言行與思想，成為佛教經典。孔雀王朝的君主阿育王（西元前273-236在位）幾乎統一了全印度，傳說在目睹一次戰役超過十萬人傷亡的血淋淋場面，幡然悔過而皈依佛教，但不定為國教、只是身體力行佛教等原住民的「非暴力」文化，以國家之力傳揚佛教，使得佛教迅速普及到中亞與亞歐大草原的遊牧部族，後來才得以傳播到中國。

許多現代學者認為，**種姓隔離**與**因果輪迴**，不像是入侵的印歐族群帶來的，而是**達羅毗荼**原住民的文化。印歐（伊朗·印度）裔是遊牧民思維，伊朗人走向了地中海、印度人走向了印度，但種姓與敵視黑色族群這兩件事並不見於同

時代伊朗人的故事。只有溫熱帶印度的達羅毗荼農耕文化才
有足夠的富餘和人口數量來產生比較出世、非暴力、因果輪
迴的思維，使人們認命地活在來世的夢幻裡而容忍現世的境
況，並「種姓化」社群裡的異類、以包容少數印歐統治階級
的掠奪。這也照樣產生了龐大的「**印度人**」族群，儘管成分
是數以百計不同語言、血緣、宗教、文化習性的部落，難以
成為一個「國家」。

（二）東方：中華的史跡

　　5千-1萬年前時段，農業文明也在東亞中國大陸板塊上
遍地開花。現代已經確認的，**中華文明圈**主要是**種植小米**的
黃河文化圈，包括**彩陶文化群**（河南的**賈湖**與**仰韶**、甘青
馬家窯等）、**紅山文化群**（遼寧的**牛河梁**等，龍形動物玉器
的起源，後來跟山西的**陶寺**文化交叉）、**大汶口文化群**（山
東的**泰安**，後來影響山東濟南**龍山文化**的黑陶）。以及，
種植大米的**長江文化圈**，包括**彭頭山文化群**（湖南醴縣**城頭
山文化**、湖北**屈家嶺文化**、襄陽**雕龍碑文化**等）、**河姆渡文
化群**（浙江寧波**跨湖橋**、杭州**良渚**等）。由於溫帶季風氣候
適宜，且可年獲2-4次收成，東亞史前農耕文明分布非常廣
泛，現代考古工作還在繼續，不斷改寫人們的認知。

　　這些文明在5千年前頃就衍生了廣大的中華城邦世界，

比較知名的是**黃河文化圈**的陶寺、石峁（陝西）、龍山，以及**夏**、**商**、**周**王朝聯結下的黃河流域各城邦國，加上**長江文化圈**的長江流域下游**良渚**，以及**楚王朝**聯結下的中、上游城邦世界（湖北**石家河**文化的巴國、四川成都**三星堆**文化的蜀國）。**相當於同時代環地中海文明圈南岸的埃及、蘇美爾、阿卡德、巴比倫、亞述等城邦王朝「帝國」**。由於溫帶氣候相同以及地緣連接，黃河與長江兩個文化圈的城邦世界長期互相交叉感染，例如，河南發現5千多年前雕龍碑的巴文化跟仰韶文化在信陽地區交叉、鬥爭、融合的遺跡。中華的玉器文化，紅山的玉龍、良渚的玉琮都傳承爲典型，但南北方各有特色。長江文化圈的圖騰不只龍形，鳳、虎、人像等動物造型遠多於華北，這也反映在陶器和青銅器製做上。後來，鳳凰、虎豹、蛇蛟、蟬，都成爲中華文化的圖形。字符方面，黃河文化圈從3600年前的商王朝開始已經具備完整的**象形中文**系統，最終混同了中華城邦世界。

印度板塊跟亞洲板塊的碰撞使得喜馬拉雅山脈高聳，抬升了中國板塊西部，溫帶季風氣候帶來相對穩定的節氣降雨，西高東低的地理皺褶破碎，中國可耕地僅有10%左右面積，但適宜的氣候加上精緻的人力農作，中國比其他文明地區的穀糧更高產，自給自足是常態，所以，中華城邦世界的社群文化，很早就確定爲**「以農立國」**了。早期的中華城邦世界也是奴隸制生產，跟西方環地中海城邦世界雷同，但

溫帶氣候使得黃河與長江流域一年兩至三穫，生存相對容易，部落、邦國間的交易與掠奪，相對溫和些，靠繁複的禮器與儀式來彰顯階級、權、利，以及比較**和平共存**的文化。

上述從文明到文化的進程，中華地區跟環地中海地區的表現大體類似，中華城邦世界也跟環地中海城邦世界一樣，一開始就不斷互相兼併。黃河流域最早的聚落與城邦「萬國」合併為夏商周王朝，到了四千年前時段，東方也跟西方一樣，王權已經大於神權與金權，成為主要的社會主導力。

根據記載，周王朝從西元前770年開始崩解到中華城邦世界統一為秦帝國的過程花了550年，前段300年叫做「**春秋時期**」，紀錄城邦世界合併為屈指可數的「**國家**」（大的王國或帝國）；後段250年叫做「**戰國時期**」，紀錄這些都想獨霸中華世界的國家的混戰史。由於文明早期的部落與城邦規模不大，那時的中華城邦世界跟同時段環地中海城邦世界的戰爭類似，王對王、將對將，捉對打一番，兵對兵集體拼命廝殺的情況不常發生，一般難得超過百人傷亡，這已經是城邦國能承受的實際和心理負擔的極限。那時人少，而人是社會最主要生產力，到了**國家**（帝國或王國）之間的爭霸戰爭的時候，上萬人傷亡很容易，尤其到戰國晚期的霸權戰爭，這是中華世界的「世界大戰」，存在一次戰役十萬人以

上傷亡的紀錄。

　　經濟上，為了提高農民的生產力與忠誠心，2500年前頃開始的戰國時期的各國，把之前城邦時代的**公田**分給農民擁有，**私有化**田產。這是中國「**小農經濟**」的起點，龐大數量的小資產農民成為國家的稅源、役源、兵源。**秦王朝的崛起**，就包括強制分家，每個15歲的成年男子都被國家授予田地與耕具、成立戶口與名籍，那時叫做「命籍」，相當於身分證，沒有身分證就無法走動，叫做「亡命之徒」。秦採取嚴刑峻罰的**法制**，包括家族或保甲「連坐」，影響深遠。中國自耕小農的社會跟歐洲希臘-羅馬奴隸制生產的社會體制截然不同。二千多年來的中國，城鄉一直分化為兩個不同的世界，人口占比約80%的農民一直分散、包圍著城市。而在西方，「文明」這詞的原意便是「城市化」，西方城市的人口占比一直是多數。

　　政治上，西元前221年，秦統一了中國，標準化了度、量、衡、貨幣，置郡縣，開驛道，書同文，人同倫，車同軌。西元前207年，秦覆滅，僅存在了15年。現代估計，秦統一時近3000萬人口，秦亡時約1300萬。西元前202年，**漢王朝**接著統一了中國，以長安（今西安）為都城，史稱**西漢**。這時**匈汗國**已經稱霸亞歐大草原。

　　漢朝基本上沿襲了秦朝規制，但變更秦的法家路線為道

家路線，輕徭薄賦，並廢除肉刑，讓社會休養生息了近70年，直到**漢武帝**對匈汗國開戰（西元前133年），並稍微扭轉道家路線到儒家路線。那時漢朝人口約3600萬，後來達到約6千萬高峰。西元8年，經過十幾年的政權大動亂之後，人口銳減至約2000萬，**西漢**亡。但漢匈戰爭卻延續了二百多年，直到**東漢**。事實證明：冷兵器時代，定居的農耕民要去草原跟馬匹機動的遊牧民幹架是不靈的。高緯度的亞歐大草原天寬地闊，但原本就不適合耕作，所以才沒演化出農業文明，遊牧民敗了就跑散，草原很快就會出現另個馬背上的雄主，而農民不可能根植在草原上盯著。這就是歷史真相。

西元25年，漢王朝再次統一中國，以洛陽為都城，史稱**東漢**，基本國策：長期休養生息、確立儒家教化為「道統」。不惜在邊境「以夷制夷」，用遊牧民雇傭兵守邊（後來的羅馬帝國跟這情況相似）。西元91年，趁匈汗國內訌，東漢聯軍（遊牧部落騎兵占半）意外大勝、擊走北匈汗國，這支匈人逃向西方，就是阿提拉汗與遊牧族群遷徙的源頭（現代專家對此尚有爭議）。但無風不起浪，匈、柔然（阿瓦爾人）、突厥、蒙古等東方遊牧民族西遷或西征，壓迫沿途的遊牧族群也一波接一波地湧向歐洲。這也是真實的歷史圖像。

◆

經過兩漢 400 年的統治，華人習慣自稱為「漢人」了。東漢人口一度回復 6 千萬，但東漢末，瘟疫大流行，人口銳減 3／4，這是第一次歷史記載的大規模疫癘引致國家瀕臨滅亡的案例。西元 220 年，東漢亡，中國開始長達 369 年的**魏晉南北朝**，這是一連串短暫的王朝與邦國的過渡紀錄，重點在於 4 世紀初長城內的中華式匈王朝的成立，標誌著**五胡亂華**的起點、也對應著西歐 3-6 世紀的**蠻族入侵**，就此直到西元 589 年混血的隋王朝再次統一中國。

這過渡期間，南北王朝隔長江對峙，**泛鮮卑**諸部大量遷入華北，不下百萬的華人則南遷長江流域去跟**泛百越**諸部原住民混融，各自使得華北與華南原有的血緣和文化大大攪拌、混同，都成為了「新華人」，華北的華人多了鮮卑基因與文化元素、而華南的華人就多了百越基因與文化元素。同時段的歐洲也是這番景象，唯一的不同是：儘管各地新華人的口音很重，但都用華文溝通，而各地新歐洲人的語文不同，就得靠翻譯才可溝通了。

西、東兩漢帝國大致對應晚其二個世紀的歐洲**東、西羅馬帝國**。漢文化給中華文化定了格，一個中國依舊，改朝換代就是了。羅馬文化也給歐洲文化定了格，通通都是耶穌教的希臘式「民主帝國」。經過 3-6 世紀遊牧民遷徙的大攪拌，東亞、西歐人口一度銳減，最糟的時候華北漢民估計僅餘約 200 萬，如果沒有南方長江流域做為備胎，中國早就跟

西羅馬帝國一樣終結了。

　　5世紀之際。倚賴人力和畜力為主要能源的農業發展，所能承載的增長有限。西羅馬帝國覆滅時東漢帝國已覆滅了近兩個世紀，但各自也持續經營、教化了西歐和東亞四百多年，儘管仍有眾多原住民沒被「文明化」（羅馬化或華化）。對新興的歐洲族群而言，耶穌教的同一教化無法填補文化與語言分化的鴻溝，只能各自為政，橫豎泛日耳曼族群集團原本就是許多部落的邦國。而對中國而言，統一的**貨幣、文字、倫理、政治、法律**之下，很快就混同為「新華人」，華北新興的鮮卑政權（北魏）甚至出兵長城外，驅趕昔日同族的**柔然**（後來出現在西方的**阿瓦爾人**）。對那時代華北的華人來說，長城內外都是「故鄉」！同樣，對那時代華南的華人而言，長江南北也都是故鄉！

　　小結一下以華文化為主的中華世界在5世紀開始時候的境況：

1. 政治上，以農立國的漢帝國共統治了中國412年，普及了象形華文以及「儒家」教化至中華全境。經過漢匈戰爭與五胡亂華的教訓，人們比較清晰的認識到：長城不是草原世界的柵欄，擋不住遊牧民族對農耕世界的攪拌。

2. 歷史上，3-6世紀，中華世界全境都進入跟歐洲世界類似的族群遷徙、攪拌、混同模式。只不過華北注入的是泛鮮卑諸部、而華南北注入的是泛百越諸部的血緣和文化。這其實也跟歐洲一樣，本來就在地的泛凱爾特原住民，都一起攪拌罷了。

3. 社會上，在政治、經濟、文字、倫理同一的教化下攪拌出的各地新族群，更加填實了合而不同的中華世界基礎。此後中國還將繼續發生大規模外族入侵和統治事件，令人吃驚的是：中華世界的人與地的擴張竟然是每一次入侵事件之後，實質的血緣與文化擴容的政經社結果！這是同時段的歐洲經驗無從類比的地方，歐洲也再沒經歷過大規模外族入侵事件。

4. 經濟上，秦、漢一統之前的中國就已經幾乎是人人有產的社會，合乎「儒家」對人性的理解，孔子說「不患寡而患不均，不患貧而患不安」、孟子說「民之為道也，有恆產者有恆心」。只不過農民數量大，人均資產小，而稅役負擔大，階級與權利體制具體表現在了城鄉差距上。底層百姓，農民、農村、農業，一直是中國歷史與文化的重點課題，也是人類社會的共同問題。

解密小農經濟

「小農」與「經濟」都是現代辭彙，我們需要穿越回2500年前、春秋戰國時代的中華世界，才會了解「小農經濟」是怎麼回事。

那時候，階級森嚴，不是貴族、又不是奴隸的，就是**民**，而耕種的人口最多，**民**基本上就指**農民**。在交通還不發達的年代，人們竭盡所能自給自足。民既是**小農**、也是生產手工產品的**小商**。

那時候，西方環地中海文明圈和東亞中華文明圈的城邦世界已存在了約三千年，早已兼併成數量不多、自稱爲帝國或王國的國家。受限於當時的技術和人力條件，華人只能開發黃河和長江流域，農村在各水系支流相對較平坦的河谷裡展開，天下雖大，依然「地廣人稀」。環地中海世界的境況也類似，甚至更差。

農耕是蠻辛苦的體力活，文明早期的人類只能倚賴人力，及其器械、工具、畜力方面的技術。無論現代怎麼定義「文明」的門檻，史實是：文明之初的人類還大量使用石器，金屬太稀缺貴重，只會用來彰顯階級、權、利，比如，貴族的裝飾、宗教器材、統治相關的儀式與兵器裝備。這境況持續到春秋、戰國時代，約當波斯帝國統一環地中海南岸

世界之時。

　　當時人類文明了三千年的經歷：**集群度**不斷擴大。先是，西方環地中海地區合併爲**南岸**的波斯帝國聯邦，**北岸**歐洲則是希臘世界的雅典和斯巴達兩個霸權集團，加上零散各地的城邦群；最終在西元前40年頃集成爲羅馬帝國聯邦。東亞中華世界也類似：先是，合併爲戰國時代的黃河流域「七雄」列強，加上眾多其他王國，如中山、義渠等狄戎系的白、黃族群邦國，以及吳、越、七閩等百越族群邦國；最終在西元前220年頃集成爲統一的秦帝國。

　　小農經濟，在上述歷史過程中發生，關鍵：確立了土地私有制。這方面最早的相關記載，見於孔子反對當時各國實施的**闢草萊**政策，該政策的內容是：開放公有土地讓農民開墾，以便增加糧產和稅收。在這點上，食古不化的孔子反對得完全沒道理，他的重點僅只是：公地私墾，破壞了商、周**王朝城邦**社會公有或共有土地的千年習慣。這事發生在2500年前，那時中華世界各國已經競相實施這個**君民兩利**的政策，各國農民貢獻的利稅增益，實際是各國的社會自行分享的，成爲戰國時代各國權利階級**變法圖強**的著力點。

　　穿越回到那個時代，站在各個階級的角度換位思考：農民一不擁有田地，而不能改變子孫的階級屬性，消極或怠工是很自然的生活態度。而統治階級的後代人數快速增加，

為維護子孫利益，富國、強兵、擴地的欲求也是很自然的生活態度。所以，明確農民土地私有制，只是充分條件，還有一個必要條件：允許農民改換階級的體制。這就需要「**變法**」：從一窩蜂闢草萊、到魏文侯、到商鞅，在 2500-2350 年前時段，琢磨了 150 年才做到完善：以「**按口授田 ＋軍功受爵**」來調動基層農民的積極性！實際上，**秦能夠一統天下，就是徹底把秦國改造成了農民與農業的國家，並集中群體意志到：唯農與戰耳**！上一節突出講述了秦王朝**小農經濟的特點：數量龐大的農民小資產階級成為稅源、役源、兵源**。而**秦王朝的農民階級，聞戰則喜**！完全不是現代人可以想像的。

　　秦帝國太短，漢帝國承續之後，放棄秦的法家路線，農民小資產階級迅速成為脆弱的龐大基層，土地兼併抵擋不住各種權利階級的權錢操作。但漢政府仍堅持重農抑商，適逢中華農業技術大突破：牛耕＋鐵鏵犁，尤其是鋼似的鍛鐵技術，領先西方直至工業革命！漢代農民的生產、經濟、生活因之大大改善，此後小農經濟就一直是中華世界支柱，歷經五次外族入侵與統治而不絕。當時花 400 年改進的、秦漢定格的「小農經濟」模式，延續至今！

　　這其實是華文化的典型案例，在文明與人智都還在進化積澱的時候，華人已經依稀捕捉到集群跟集智的辯證統一：人群既是存在的目的、也是存在的辦法，總之，人的因素第

一。先秦諸子百家都抓到許多「人性」特徵，知識分子各自從本身的階級和文化出發，提出社會長治久安的種種辦法。但都強調「民」最好是**無知**、**無欲**的狀態，便於領導、管治（東漢之後的華人只熟悉儒道二家，就算在儒道帳上，其實諸子百家面對的現實是：教育成本高於生活成本），但又以土地私有激發「民」的精神力與鬥志（見上節最後一段話）。這並不矛盾，人嘛，是複雜、多面的心理動物，二分法難以逼近人的氛圍。

2500年前的華人能夠想出，以占社會絕對大多數的農民小資產階級來齊一社會，並提供經濟與安全保障，這思想夠先進、智慧、大膽，而且還在2100年前夯實了這樣的社會大改造！難怪人類其他文明和文化瞠乎中華之後長達18個世紀，直到科學文明與工業革命再次提供人類社會大改造。中國為什麼只有技藝而沒有科學，原因可以分析出一大堆，但華文化太早熟的「小農」經濟、實施的經驗與智慧、及其衍生的文化習性才是正解！

遊牧文明公案

亞歐大陸板塊是一塊物理和地緣的整體，只要花時間，人流和物流始終會貫通的，中國與歐洲會遭遇同個3-6世紀

的遊牧族群大遷徙、大攪拌事件並不特別奇怪。數量級的人類事件，族群間的交往、征服、融合，人史的傳說與記述屢見不鮮。人群在生存本能的驅使下不斷擴散，形成了農耕、遊牧、山林、沼澤的適存文明，進化更多的表現在集群的擴大，及其社群文化的複雜度了。

由於文明的傲慢和偏見，加上文字並非遊牧文明的必需，遊牧族群完全沒有「話語權」，任憑農業族群說去，對遊牧民的敘述多半是風似的飄忽不定，充滿誤解。但遊牧文明顯然是現代人血緣和文化的重要組份，所以，我們首先要澄清的迷思，就是**跟農業文明共生的遊牧文明**，以便接下去談5世紀之後的人史。

人類曾經有過的遊牧文明和叢林文明如今已極度瀕危，現代人可能很快會丟失適存於草原或叢林的智慧。讓我們拋棄文明的傲慢與偏見，先了解一下遊牧文明怎麼回事。下面以蒙古草原馬匹機動為例，但可以類比到沙漠駱駝機動或高原犛牛機動，甚或海洋船艦機動的例子。

人的演化，是從素食到雜食的，無論攝取多少肉、蛋食物，澱粉、維他命C、纖維等素食，也必不可少。人類很早就演化為掠食者，拾獵時代的主要工具是石器，覓食就是獵動物、摘果子、挖塊根。間冰期的地球暖化，農耕文明並不是人類生存方式的唯一選項，而且農業生活也少不了圈養動

物。但人類的生理需求，註定了遊牧族群必須跟農耕族群共生，遊牧民拿馬、牛、羊、皮毛……跟綠洲、河谷或更遠的農耕區的農民交換穀糧、布匹、工具……。

亞歐大草原不宜農耕環境裡的人群大約在 5 千多年前馴化了馬，一開始的家馬個頭不大，馱不住人，於是發明了輪子和車輛，用馬拉就是了。他們適存的生活方式，從馴化牛羊等動物開始，漸次過起「逐水草而居」的生活，就是「遊牧」，這比拾獵進步。遊牧民常常光顧草原綠洲農業區去**交易／掠奪**生活所缺的必需品。但交易與掠奪並不是**遊牧文明**的專項，所有早期農業文明的城邦世界，一樣也需要交易／掠奪。**武力對等的時候就交易，不對等的時候就搶，這只跟人性與文化相關**，跟什麼文明沒啥關係。17 世紀以來的歐洲各民主帝國或王國，高度「文明」，但其交易或掠奪的殘忍程度遠超史上任何草原汗國。

農耕或遊牧，並不絕對，適存而已矣。現代考古在中國羅布泊的塔里木河流域發現了「小河公主」遺址，4-5 千年前的那裡，水源並未乾涸，人群過的是**農牧混合**的定居生活方式。墓葬區有明顯的生殖器崇拜文化，檢驗出土的遺骸，兼有泛西徐與泛蒙古的特徵，自成一系。這些**羅布人**可能有更長的歷史，種植小麥、大麻，並隨季節分出部分青壯年趕著牧群到草原上放牧一段時間，然後回家過冬。沒有發現城池防禦措施，似可比擬古印度河文明。現代對熱帶或溫帶地

區的考古，還發現更多早期人類的生存方式，跟農耕或遊牧文明是平行發展的，必須適應地理與氣候的環境而生存嘛。

遊牧是艱苦的生活方式，浪漫只是想像的，高緯度草原的冬天顯得特別漫長、危機四伏，常常一場暴風雪下來，就再也見不到鄰居，所以遊牧民相對生性豁達，包容、崇信各種宗教。亞歐大草原是個天寬地闊、一望無際的導體，人流與物流機動，連帶信息與知識，都自由擴散。遊牧族群之間的信息流通迅速，因為有大致相同的生活方式，又沒有文明的傲慢與偏見，遊牧族群之間的混同相對容易，許多文化習性通行於整個大草原上。草原東端（蒙古草原）是泛鮮卑或泛蒙古的黃種遊牧民，西端是泛西徐或泛雅利安的白種遊牧民（高加索山脈到黑海、裡海周邊），數千公里的空間裡過渡著眾多黃白交混的、操不同語言的、不同風俗習慣的遊牧部族。

馬、輪子、冶金（金、銀、銅、鐵），估計最早是遊牧族群在5-6千年前發明的。向西傳到西亞兩河流域與北非埃及，向東傳到東亞中國，東西方的古早農業城邦國家在4千年前頃都已經用上馬拉戰車了。2300年前頃，草原東端的匈族已經開始席捲亞歐大草原，因為發明了最簡易的馬鐙：就是根套索而已，但足以讓騎馬的人站立在套索上「騎射」。這時草原上已經有可以馱人的馬匹，於是匈族就有了真正意義的「騎兵」。事實上，在匈汗國一統亞歐草原之際，東

西方都還不存在可以騎射的騎兵。3600年前洗劫巴比倫的赫梯人、2800年前頃南進印度的印歐遊牧民，以及稍後的馬其頓的亞歷山大，那時候他們用的都還是馬拉戰車為主。

西元前（8-3世紀）中國的春秋—戰國時期，跟泛匈族遊牧民接壤的華北國家有秦、趙、燕，西元前4世紀的趙武靈王，只好認真學習「胡服騎射」才可抗衡遊牧民。而真正意義的馬鐙，則還要再等一個世紀之後的漢初，不習慣騎馬的農民兵，為方便自己的騎乘駕馭，就改進了馬鞍和套索，成為流行到今天的馬鐙。因為簡單明瞭，匈汗國立馬複製了過去、普及到整個亞歐草原。騎射就此成為冷兵器時代之最，縱橫二千年。電影上的騎兵，只要用上鞍與鐙來騎射的、早於中國漢代的，通通是噱頭，不是史實。

西元前3世紀的匈汗國是人史的一個界碑，匈族建立了第一個草原**汗國**的規制，成為此後所有草原汗國的模版：因俗而治、分而治之，像似波斯帝國的聯邦或邦聯。但文字不是草原遊牧的必需，遊牧民的記載就只好見於有文字的農業國家的記述。遊牧部族，完全沒有「話語權」。偌大的匈汗國，中國的歷史記載是唯一較多的文字記錄，但漢匈交戰長達二百多年，記述匈族的中文史料不詳盡、也不可能絕對客觀。波斯帝國跟黑海、裡海邊的西徐遊牧民之間是同樣情況，而伊朗的記錄更少。遊牧族群歷史長期成為謎團。

　　遊牧民本來就沒有諸如「國界」那樣的人為規則，在嚴酷的高緯度環境裡求生，遊牧民更關注於活在當下，農民很難想像遊牧民的生活。比如，轉場，人與牲畜的有效轉移到下一個草場，補給、輜重、後勤、警戒……，缺一不可，實際跟一次準軍事行動差不多；遊牧民的生活條件跟戰鬥條件近似，所以全民皆兵。難怪史上東西各方的「文明世界」都經不起草原汗國的折騰。不過，草原汗國對周邊農業邦國的折騰，只能有兩個結局：要嘛，掠奪完了就回到草原，繼續遊牧；要嘛，掠奪過後就留下不走了，占領，學會人家已經開發好的城鄉生活方式，轉型。自古以來，**遊牧文化一直就是農耕文化的攪拌器**。在絲路交易路線形成之前，草原遊牧部族一直是東西方之間的天然媒介。

　　就人史的大數據看，遊牧部落對農耕邦國的掠奪，主要是生存驅動的，其次才是財富慾望驅動的。現代發現地球2萬年來的這次間冰期仍處在這次的冰期範圍內，寒冷與溫暖氣候不時交替振盪，例如4千年前超暖的海侵與13-19世紀的「明清小冰期」，或許解釋了良渚城邦的式微，以及，滿清王朝的暴起。現代英國劍橋大儒**湯恩比**認為，3-5千年前之間，亞歐草原遊牧族群爆發過不止一次奔向各方的大遷徙，比如印歐系的伊朗—印度人先後遷進伊朗與印度的時段，中國北方則受「諸戎」的壓迫，周王朝的先民就因此搬遷到渭水之南。這些「巧合」，很可能是同一個地球氣候事件的

影響。現代歐美喜歡強調「地緣政治」，實際上，鄰居間的競爭與摩擦，就是時空上的「地緣政治」，生存發生問題的時候，也只好掠奪鄰居了。但，天災畢竟少見，不管是農業城邦或遊牧部落，階級與權利制度下的**利**與**慾**的衝突才是經常性的，不存在僅只因爲互相看不順眼就規模廝殺的案例。

文化的交叉與融合：5-17世紀的人史

　　草原民族大遷徙、大攪拌，沒少血腥殺戮。那時人類已然文明了四千年，文化習性也已定型了相當時間。結果，遊牧族群的大遷徙與大攪拌更像是給各地原有的文化擴容，注入更多新鮮的血緣和文化。混融後的**歐洲**出現了許多新興國家，邦聯或聯邦的格局沒變，思維仍是羅馬—希臘式、教化仍是耶穌教一統，但西歐文化習性多了泛日耳曼因子、東歐則多了泛斯拉夫因子。混融後的東亞依然是一個中國的格局，但漢儒教化之下多了佛文化思維因子、而華北和華南的新華人多了泛鮮卑和泛百越文化習性。亞歐大草原上則依舊是匈汗國規制，單于chan變音爲可汗khan而已（現代語言學者對人類c、k轉音語系有深入研究）。

　　宏觀而言，人群文化的交叉與融合貫穿全部人史，不僅體現在3-6世紀的大遷徙、大攪拌事件中。自從波斯帝國標誌「**國家**」數量級的集群以來，各地人群一直往文明城市聚

攏，血緣與文化不斷交叉融合為更大的社會，就此直到現在的全球只剩下200個國家。所以，5世紀是個相當重要的歷史和文化節點。17世紀就更不用說，那時出現了「科學」，這是人類第一個從形制到內涵都完全一致的「文化基因」，真正的「大同」！18世紀之前與之後的人史，非常不同，下文再來專述。現在只講5-17世紀的人都幹了啥？

（一）西方人文脈絡：
交易／掠奪，拼音文字，信仰宗教，職業戰士階級

　　前面已經鋪墊了西方環地中海地區的文明起源概述，那裡氣候相對比較乾旱，無論尼羅河或兩河流域，農耕都需要人工引大河的河水灌溉，文明早期人力不足，城邦都小國寡民、**奴隸制生產**，城邦與部落間的**交易／掠奪**成為生活的必需。為了方便交易、溝通眾多部族，雖然早期的楔形文字與埃及文字都是象形的，但環地中海人群在西元前千年頃就開始採用**拼音文字**了。而交易或掠奪的本質是冒險的、機動的，環地中海與尼羅河的帆船機動跟遊牧部落的馬匹機動同樣都有距離、氣候、人群交叉等不確定風險，冒險的結果，宿命只能是唯一的答案。這跟當時對季節與天象的規律一樣神祕，**宗教信仰**是唯一的解釋與心理慰藉，因此，城邦民和遊牧民都篤信宗教，自然而然產生祭司階級。更因為冒險成為生活常態，掠奪與防禦都需要戰士，**職業戰士**階級與**英雄**

崇拜情結也油然而生。在這點上，城邦和遊牧生活的文化同質性很高。

宗教做爲環地中海文化最主要參數之一，是最牢固的文化基因。這裡的早期城邦或部落都信奉一個主神與多個其他神靈，如太陽神、農神、雷神、山神，反映古早原始薩滿信仰的萬物有靈。宗教信仰反射著人群的進化狀態，在萬國似的城邦世界時段，人智所知有限，對不知的事物倍感敬畏，宗教是神祕而多神的。隨著人類加速進化，許多事物變成已知，不再神祕；到帝國形成的時段，人間的權利與慾求心理也下意識地反射到神界，宗教逐漸變成一神的。

古伊朗人進入兩河流域定居後，宗教習俗跟原住民混同，但西元前 7 世紀左右，伊朗人**瑣羅亞斯德**創立**拜火教**、開啟了一神教義，當然被多神的祭司們壓制，最終得到波斯帝國的支持，一度成爲伊朗的國教。但一神教的思想其實來自更早的、3 千多年前的一位埃及法老，他的一神信仰及身而止，但影響了那時在埃及遊牧的**閃米特族裔**猶太人，以其民族的歷史傳說與宗教信仰混編了**舊約**經書，造就了猶太民族散落各地而維持迄今 3 千年之久的認同與**猶太教**信仰，這個民族與宗教認同合一的教化作用，仍然是社會學、心理學的雋永課題。一神信仰的猶太教、耶穌教、伊斯蘭教，都是閃米特族裔開創的宗教！

　　耶穌是猶太人，但傳播**新約**的**耶穌教**，並非猶太教的分支。耶穌思想的革命性跟佛陀殊無二致，他在猶太族群裡的傳教不算成功，追隨者大抵是外族的底層平民或奴隸，後來傳播耶穌教的主要使徒都是希臘化的保羅、約翰之類的猶太知識分子。耶穌生平不詳，耶穌本人傳播博愛的文化、30歲出頭就被猶太教祭司借羅馬帝國在耶路撒冷地方政權之力釘死在十字架上。不多的信徒們以祕密傳教方式由地中海東部向歐洲擴散，在帝國殘酷鎮壓下、百年就遍及歐洲，西元313年君士坦丁大帝解除對耶穌教的迫害，耶穌教才公開傳教，迅速成為羅馬帝國國教。耶穌教在歐洲的普及是人史一大奇蹟。

　　7世紀時，閃米特族裔的阿拉伯人**穆罕默德**以先知之身，直接領受神諭而傳揚**伊斯蘭**一神教義，雖然跟耶穌教一樣傳頌舊約，但也不是猶太教分支。穆罕默德傳播口述的**可蘭經**，在610-632傳教期間以**穆斯林公社**的虔信與篤行，規範了世俗應有的社會文化：誠信、公正、知識、濟貧、孝敬等。西元661年，穆罕默德死後才29年，穆斯林公社領導下**政教合一**的**阿拉伯帝國**就已囊括北非、埃及、中東、小亞細亞、伊朗等環地中海南岸古文明中心所在地，後來並成為非洲的主要宗教，造就人史又一大奇蹟。

　　佛教、耶穌教、伊斯蘭教，三大宗教都是人的**信仰**締造的人文奇蹟，而佛的慈悲、耶穌的博愛、穆罕默德的虔信，

也確實革命性地回應了當時人群文化習性的短板。阿拉伯帝國以伊斯蘭專注虔信的精神而暴起的大征服，對征服地的統治採取務實、寬鬆、包容的策略，更是能夠以少數統治多數的關鍵。阿拉伯帝國能夠滲入並伊斯蘭化埃及、伊朗、北印度這些已經有幾千年文化傳統的地區，尤其說明了宗教與政經社的糾葛對西方人文的重要性。阿拉伯帝國的大征服本身也是人史的一個奇蹟。

　　宗教的影響貫穿整個西方人文脈絡，3-6世紀遊牧民遷徙入歐後，奴隸制的羅馬城邦帝國與拼音文字使得混融的各族群維持各自的獨立狀態，環地中海北岸的歐洲就此湧現一批新興王朝國家。西元4世紀剛被羅馬帝國定為「國教」的**耶穌教**，除了給新興國家提供教化之外，糅合希臘化的「公民」城邦習性，便成為5世紀至今的歐洲各國的新傳統文化。而西元7世紀的**伊斯蘭教**，糅合了原有的中央王朝城邦習性，也成為此後至今環地中海南岸的西亞與北非新興各國的新傳統文化。

　　8-11世紀，西班牙、中亞相繼被阿拉伯帝國征服，佛教在中亞才開始式微，並於12世紀起在印度消亡殆盡，但中國從6世紀起已經是個準佛教國家了。觀察人史，宗教的普及需要借重人間的權利體制，佛教、耶穌教、伊斯蘭教，莫

不如此。然而各個教會本身也發展成為階級與權利制度的一部分，左右各地的政經社文化。

對環地中海南岸而言，5世紀之後的羅馬帝國已經是邊緣性的存在，繼之而起的阿拉伯帝國存在了621年（632-1253），穆斯林公社統治之後的倭馬亞王朝（661-750）回復為世襲制傳統帝國，都城在大馬士革、後遷巴格達，等於是**遜尼派**阿拉伯邦聯，版圖大擴張。之後阿拔斯王朝**黑衣大食**（750-1253），開始與伊朗為主的**什葉派**合作，西元830左右達到極盛，君主**馬蒙**把巴格達打造為「智慧之城」，跟當時的國際大城市東羅馬帝國的君士坦丁堡、中國的長安齊名。9-10世紀，阿拉伯帝國在西班牙（白衣大食）、北非（什葉派綠衣大食）等分崩離析下內鬥，直至1253被成吉思汗之孫旭烈兀汗滅亡。不過，阿拉伯帝國的大征服使得環地中海南岸大歷史被伊斯蘭文化改寫，注入了伊斯蘭一神信仰之後，透過伊斯蘭對知識的重視而翻譯、保留的古希臘文化，最終施加了對近代歐洲的文藝復興與啟蒙運動的最大影響。

西方傳統文化的**職業戰士階級**與**英雄崇拜**，契合遊牧文化，塑造了落戶歐洲之後的新族群更大的侵略性。「蠻族」實際是指黑海周邊的白種遊牧民**泛日耳曼**族裔諸部，受東方遊牧民遷徙的擠壓（開始是泛鮮卑的匈、柔然，後來則有泛突厥、泛蒙古諸部）而西向遷移進入歐洲。泛日耳曼是族裔集團的通稱，包括泛斯拉夫、泛維京諸部，之間都有千絲萬

縷的血緣與文化關聯。其中，**法蘭克部族**，5世紀後葉一統原住民的**高盧**地區。歐洲主要原住民是**凱爾特**諸部（高盧人只是其中一支），西元前23世紀已經建造了歐洲各地的巨石陣與石頭建築。凱爾特人及其文化在歐洲至少存在了4500年，今天的愛爾蘭人、蘇格蘭人等紅髮基因是凱爾特的典型特徵。今天的法國人就是法蘭克人與高盧人的混融。

8世紀後葉，法蘭克的**查理曼大帝**強化中央集權的管治，囊括大部分歐洲，9世紀初被羅馬天主教皇突然加冕並稱號「**羅馬人的皇帝**」。天主教皇以此奠定對西歐政權進行宗教神權干預的雙重統治。查理曼大帝雖然短暫統一了歐洲，但在王朝政治與天主教神權教化的雙頭馬車下，迅速分化為法德義等國家。

泛日耳曼族裔除法國人、德國人之外，英國人也是。「**英國人**」的形成要從9世紀丹麥**維京**人入侵英格蘭、蘇格蘭、愛爾蘭、查理曼帝國的塞納河谷說起。北歐維京人也是泛日耳曼族裔之一，他們進入了北歐苦寒之地，唯一可以發揮機動、掠奪的就是海洋機動力（含航海術），維京長船不但派上用場，而且成為歐洲橫霸海洋的起點，這比環地中海的帆船機動力更上層樓。

10世紀時，丹麥維京部落（「**諾曼人**」，意即**北方人**，主要是盎格魯與薩科森兩支）已經在法國挖了塊地盤、成立

諾曼第公國。11世紀初，諾曼人已經有了「英格蘭國王」。
11世紀末，諾曼人擴張到了地中海、建立了西西里王國
（保留了一些阿拉伯伊斯蘭風味）。圍繞著諾曼第公國的歷
史演變中，夾雜著英國與英國人的形成，直到13世紀初，
法國王朝奪回諾曼第地盤，諾曼人的英國才真正成為一個跟
歐陸稍微不同風格的國家。後來，諾曼人的西西里也回歸義
大利所有。英國人的海洋霸權傾向，是其來有自的。今天的
英國人混融著一些巨石陣凱爾特原住民的血緣，凱爾特的血
緣較濃重的愛爾蘭和蘇格蘭就不時跟英國人鬧彆扭的了。

　　歐洲的人文、歷史，政權與神權的傾軋都在其傳統文化
的框框之內，無非是階級與權利制度下的演變，但摻入了泛
日耳曼各部族的體制與習性。比如，海洋掠奪的規矩，海盜
即海軍，分贓的重點在於合法化個人資產的所有權，直接是
資產階級的成因。人人皆可掠奪、發財、擁有資產，合法化
即合理化、神聖化劫掠所得。戰士階級成為封建「騎士」、
城鄉保護者，這些「貴族」在11世紀末開始長達200年的
「十字軍東征」，對地中海南岸的伊斯蘭邦國進行以宗教為
名的掠奪，最終卻劫掠了同為耶穌教體系的東羅馬帝國都城
君士坦丁堡，使得東羅馬帝國一蹶不振。但耶穌教的教化從
生至死地網羅住各族人民，神權成為不可逾越的界線，以至
於僧侶成為唯一的知識來源，造成歐洲「黑暗時代」。

◆

　　然而經過14-18世紀的**文藝復興**與**啟蒙運動**，借重從中東掠奪回西歐的伊斯蘭文物與文獻，西歐重新發現了古希臘文明，使得歐洲新興各族群通通認祖歸宗於希臘羅馬的「傳統文化」，以跳脫耶穌教會的教化桎梏和知識的黑暗時代。

　　事實上，當伊斯蘭文化極盛時（8-10世紀），哈彥al-Hayyan的化學、花喇子密al-Khwarizmi的代數、巴塔尼al-Battani的三角學等，實際都是「科學」的先行者，都淹沒在近代**白人種族主義的歐洲中心論**的政治話語裡。10-12世紀的宋代中國，各種技藝冠全球，但東漢之後的儒文化輕視技術，**中華中心論**的政治話語本身就淹掉了全部中國科技史，幸得現代英國劍橋的李約瑟整理各國史料，還原了中國四大發明（紙、磁針、火藥、活版印刷術）對西方的傳播，以及各地技術交流與影響的真相。這些案例說明了：認知與真相之間，是有社群文化習性的扭曲的，加上個人的自我意識與認知，很容易導向各種「中心論」，包括人類中心論和地球中心論。正解，只能是落實**科學求真**的教化，保障**知權**（包括群眾的**知情權**），現代科技、網路、大數據、AI是可以發揮作用的。

　　1204年，一批利慾薰心的十字軍雇傭兵在東羅馬帝國都城君士坦丁堡的角落登陸，給威尼斯城邦的艦隊打先鋒，

他們迅速攻陷、洗劫、滅亡了東羅馬帝國，並在那裡成立一個拉丁國家，直到1261年東羅馬帝國復國。這次的洗劫涉及羅馬天主教會對希臘東正教會（這是東羅馬帝國的國教）的大批財物與文物，深層割裂了東正教的東歐跟天主教的西歐。按照西歐對文藝復興運動的說法：後來的北義大利城邦群從翻譯劫掠回來的文史資料中，重新發現了希臘古史，掀起「文藝復興」熱潮。西方所有相關古希臘文化的圖籍文獻，沒有早於這個時期的、但沒公布阿拉伯文或任何文的原版。當時義大利處於一個**新興資產階級「文化大革命」**流行熱的境況，無法考證有多少希臘相關的內容是當時義大利城邦的資產階級所雇傭的知識分子借題發揮或仿古的「創作」。

西歐**文藝復興**及其後的**啟蒙運動**是現代人類文化的拐點，其所奠定的思想（許多是偽託真假難辨的古希臘經典，跟周代之後的華人喜歡偽託古人的見解一樣，東西方的教化模式簡直如出一轍），直接塑造了近代歐洲的科學發展以及政經社格局。但歷史不是信仰，集體念力之下的虛擬現實畢竟不是史實。

不過，人性的經驗依然還在：人群是被教化出來的，文史哲藝的風尚與提倡，是形成思想的工具和模具，而思想就基本決定了人的認知與行為。從歷史拐點到具體形成變化，對歐洲而言，是花了4百年時間的、實質的「文化大革命」來走出天主教會引致的中世紀黑暗。羅馬和歷史，都不是

一天造成的，也不是老天爺可以掉下來的餡餅。**在回歸希臘-羅馬傳統文化的號召下，歐洲資產階級逐漸神聖化了個人資產，合理化了、解放了個人的慾望與思想，給利潤掛帥的資本主義鋪了路，革命性地把資本金權隱身在政權與神權背後，形成近代歐洲的資本主義，資本逐利被視為為理所當然，為了利潤可以冒險犯難，並犧牲一切規矩，利潤就是新規矩、新文化。這使得資產階級成為最極權的階級，極權程度遠超傳統的王權階級和神權階級，而且是隱形的、無所不在地攫取利益。**

「資本主義」這詞在 19 世紀才有比較明確的定義，但威尼斯資產階級雇傭十字軍，攻陷、並以艦隊劫掠君士坦丁堡的行為，早已給**「利潤掛帥」**做了示範，後來的**「經濟學家」始終沒法把人類經濟行為「科學化」地解釋或敘述，因為最重要的參數無法量化：權、利、慾望、心理。**人類社群的階級與權利制度始終是演變的，在西方傳統文化的教化下，對應東方貨物被伊斯蘭世界壟斷仲介的史實，重商的北義大利城邦應運而生，而大量資本對跨國貿易是根本性的，威尼斯背景的馬可波羅在 13 ／ 14 世紀之交冒險犯難到元朝的中國做生意，很自然嘛。北義大利城邦的資產階級未必設計了資本主義的制度藍圖，他們推動文藝復興運動，毋寧是個文雅的時尚，彰顯其財富與文化層次，或許對他們投資蒐集的十字軍贓物有所增值的考量。解放人類的慾望與思想，

不會是當時資產階級的理想。

15 世紀末開始的歐洲大航海時代，哥倫布「發現」了美洲、麥哲倫船隊完成了巡航地球一圈回到歐洲等等。這些行動需要的投資是驚人的，哥倫布是北義大利熱內亞人，麥哲倫是葡萄牙人，而他們的投資者是西班牙王后，利益動機明顯，看看他們之間的合約就知道了。資本金權跟政治王權合流，而資本運作的唯一目的就是利潤，這就是**資本主義**，再怎麼學術化也就僅此而已。

西歐大航海的動作並非完全盲目冒險之舉，自從阿拉伯帝國大征服以來，7-15 世紀，阿拉伯、伊朗、印度、中國商人早已打通非洲、阿拉伯、伊朗、印度、馬來亞、印尼、華南、華東之間的海路，唐宋元明的中國跟環地中海南岸各國的貿易往來繁盛，不亞於陸路，風險不一樣罷了。當時伊斯蘭與中華世界的海洋知識，已涵蓋印度洋與南海，足夠摩洛哥的**伊本·拔圖塔**循海路到達泉州，以及，中國**鄭和**與**汪大淵**等探索新航線，這些海洋知識或多或少會在海員中擴散。西班牙、葡萄牙、荷蘭等的航海嘗試無非是在已知的航線之外，設法找到繞開伊斯蘭世界直抵中國的海路。

16-17 世紀，歐洲經歷新教運動，許多教派脫離了天主教會的束縛，直接建立跟上帝的溝通、無需天主教僧侶代言。這時段的歐洲湧現了葡、荷、比等新王國，成為跟西班

牙競爭的海洋殖民帝國。英國則有一批清教徒於1620年殖民北美東岸，最終獨立為美國。

此外，瘟疫一直折磨著人群，傷寒爆發於3世紀羅馬帝國的歐洲，鼠疫（黑死病）爆發於6世紀東羅馬帝國，以及15世紀的歐洲全境，天花爆發於16世紀的歐洲和美洲，每次都引起人口極大死亡（20-90%），霍亂、瘧疾之類更時有所聞。當時全人類的醫學都很落後，群醫束手無策。現代如果追蹤那時的東亞疫癘事件的數據，也許可以發現更多的關聯性。

順便提一下，從非洲擄掠人口為奴的「貿易」，起源遠早於16世紀歐洲對非洲的殖民與掠奪，9世紀的阿拉伯帝國就發生過黑奴與農民起義造反事件，說明了這個問題。事實上，就環地中海文明圈的歷史而言，大一點的「帝國」序列是埃及、波斯、亞歷山大、羅馬、阿拉伯，最後是近代歐洲「列強」，都有「奴隸」制、也都「經營」過非洲。擄掠非洲人為奴，得從5千年前的埃及法老算起！

（二）草原人文脈絡：
交易／掠奪，無需文字，信仰宗教，全民皆兵

事實上，環地中海文明圈所衍生的國家或帝國，都包括了城邦群及其周邊的遊牧部落群，他們之間的文化基調很近似，就不贅述了。這裡只講5世紀之後的草原帝國奇蹟：蒙

古汗國。

自從西元前3世紀的匈汗國以來，亞歐大草原迭經柔然（西方稱為**阿瓦爾**人，泛鮮卑）、突厥（泛突厥）、蒙古（泛鮮卑）西征，對東歐的攪拌尤其酷烈，「上帝之鞭」撻伐至俄羅斯、烏克蘭、匈牙利，乃至波蘭、捷克。草原帝國只是生活習慣為遊牧而不是農耕而已，他們篤信薩滿教，但包容所有宗教。伊斯蘭教、佛教、耶穌教（景教派）、波斯祆教等，始終在蒙古汗國的草原上自由傳播。

西元1206年，成吉思汗的蒙古汗國暴起，那時正逢西方的東羅馬帝國與阿拉伯帝國的衰微時期，加上東方中國宋朝重文輕武、武力不振，蒙古汗國周邊完全沒有足以抗衡的勢力，以至於蒙古汗國的大征服遠超前此任何紀錄，而成吉思汗的願想原本只是質樸的草原公社理念，要統一所有「氈帳部落」為草原共同體而已。

「蒙古」是他給部族的命名，暗含這個廣為遊牧民接受的草原**公社**話語，他也的確兼容並蓄了眾多遊牧部落，不然以區區100個千戶長的編制，成吉思汗能夠出動的蒙古騎兵不過10萬數量級而已（每戶出1兵是草原慣例）。據此推算當時蒙族人口不過二百萬出頭。成吉思汗及其兒孫的出征，鮮少超過10萬蒙騎，但連同氈帳部落的騎兵，20萬就不在話下了。蒙古汗國在成吉思汗之孫忽必烈時達到極盛（13

世紀後半葉），除中國外，奄有四大汗國（蒙古汗國、伊爾汗國、欽察汗國、察哈臺汗國）的「蒙古共同體」，及其轄下的小汗國，使得亞歐大陸扁平化、通行無阻、商貿繁盛。

其後，14世紀後葉，中亞的帖木兒汗國崛起，帖木兒本人是突厥部落酋長、娶察哈臺汗國的公主爲后妃，子孫以此進入**黃金家族**（沾有成吉思汗血緣）。成吉思汗規定氈帳部落非黃金家族不得稱汗，這算是草原的新傳統。帖木兒汗重複了成吉思汗式的大征服，奠定前現代伊斯蘭世界的輪廓，尤其是地中海南岸以迄中亞的各國疆域。中亞各部族迅速伊斯蘭化、並突厥化。帖木兒後裔包括印度德里的莫臥兒帝國（Mughal，其實就是「蒙古」的印度語拼音），19世紀被英國所滅，是最後一個蒙古血緣的帝國。但黃金家族血緣遍全球，包括俄羅斯沙皇家族、英國皇室、清王朝皇室，以及草原各汗王，現代基因學者稱成吉思汗是基因散播最廣的男人。

17世紀末，雙方王族都沾親黃金家族的**清**王朝以火炮打敗了西蒙古準格爾汗國，冷兵器時代至此結束，連帶整個草原文化迅速終結，然而，**火器**正是蒙古汗國從中國學會、應用、擴散到西方的。

從人史看，城市始終吸引著遊牧民，歷次草原遊牧民的遷徙、征服，一直是定居的農耕文化的攪拌器。科技進化得

如此迅速，傳承數千年之久的草原文化的褪祛，跟遊牧民大遷徙一樣是人史的特大事件。

（三）中華人文脈絡：
以農立國，朝代更替，象形中文，知識分子階級

　　由於東亞的溫帶氣候，季風帶來節氣的穩定雨水，每年二至四穫的可預期收成，使得生存比較容易，自給自足的經驗使得**以農立國**的思維很早就被確定。早期中國城邦世界跟同時段的西方城邦世界，在階級與權利制度的演化下，都會有奴隸、交易／掠奪、文字、宗教信仰、專業戰士等需要。但當時最先進的長江流域良渚城邦，沒熬過4千年前頃的地球氣候擾動（暖化）而消亡，歷史的偶然，使得黃河流域世界一時沒有了最大競爭。約3600年前開始的**商**王國，至遲在3300年前已經有了完備的**象形中文**，隨著商王國政經勢力的擴張，成為黃河城邦世界的流通文字。西元前1000年頃**周**王國滅商，周王朝存在了近800年，繼續並完善象形中文系統，成為中華世界的共同文字。

　　原始宗教都是薩滿式的泛神靈信仰，發展為環地中海各地早期的多神宗教與神權階級，中華世界的初始情況跟西方一樣，但黃河流域周王朝或許出於跟很迷信的商王朝對抗，表現得非常的理性，不但大量減少人牲的祭祀與陪葬，並

且藝術表達也儘量去除猙獰鬼怪的傾向。至遲在3千年前左右，神權祭司已經在黃河流域的政治舞臺邊緣化，周王朝著重強化了原有信仰：自然崇拜與祖先崇拜。

語言文字是人類思想與情感的最有效載體，象形文字的凝聚力使得華人很容易混同血緣與文化。商是**奴隸制**的城邦，周也是，但都有足夠多的自耕農群眾。至遲在西元前500年左右，中華世界已然合併成幾個波斯帝國式中央集權的「**王國**」（國家），這些國家的支柱已經是**田地私有**的**小農經濟**，對眾多小農徵收**稅**與**役**（勞役、兵役）。農民兵源使得戰士沒有成為專業階級，但形成了**官僚階級**（成員為識字的**知識分子**），是王國管治人群的工具，並在10世紀的**宋代**隨著考試制度的改良而形成跟貴族階級脫鉤的**文官體系**。（**官**從科舉考試而來，**僚佐**或**吏**則仍是專業知識者）

繼夏、商之後成為黃河文化圈霸權的周王國，大量減少人殉，袪巫，禁酒，理性化「天人之際」，突出「人」與「民」的價值，及其在自然界的位置，反映在西元前500年頃的孔子所學習的書籍裡頭，例如《尚書》、《易經》、《詩經》之類，**孔子**會強調**平民教育**不是偶然的。而人類共通的原始宗教信仰：薩滿的萬物有靈的思維，則被當時的華人理性化為**泛自然主義**思想的道家，**老子**、**莊子**是其中翹楚。先前的祭司或卜者的宗教神權很早就被政權淡化為儀式性官員，留下**史**（紀錄者）、**毉**（醫者）等專業。黃河文化圈**中**

原文化的**儒家**、長江文化圈**楚**文化的**道家**，成爲華文化的理性和情性的典型代表，並沿續至今。

中華世界從文明到文化的進化過程跟環地中海世界基本相同，也花了成千上萬年時間去蓄積跨越文明的能力與能量（各種知識）。古時「儒」字只是知識分子的意思。儒家經典的《論語》、《孟子》、《荀子》三書原文共約13萬字，儒字共只出現不到60次，其中55次在荀子書中。「**儒家**」**做為春秋戰國時期的思想流派，變易的過程很明顯。春秋時代的孔子是復古的保守派；戰國時代的孟子是堅守民本主義的理想派，而戰國晚期的荀子則是與時俱進的務實派。荀子相當先進，主張禮、法並用，實際是戰國法家的創始人之一。總之，儒家是知識分子的泛稱，而知識實際是權利之源（見上一章），但知識只要學就會，當然要有學習的環境和機緣，那就是每個人的必然性（出生的環境、資源、文化氛圍）與偶然性（「小確幸」的機緣層面）的交叉。因為政經社另有人為的規矩，即便真正生物學意義上的菁英（天才）也不例外，一鍋熬掉，未必可以出人頭地。**

西元紀年前兩世紀的**秦**、**漢**大一統局面，已如前述。3-6世紀遊牧族群的遷徙和入侵，引起中國的大動盪與大分裂。匈、鮮卑等遊牧王朝入主黃河流域後，4世紀初，**晉**王朝遷

到長江以南，是為**東晉**，中原華人南遷近百萬人。南、北方隔長江而治，各自經歷許多國家、王朝，以及無數地方軍閥割據。只有拓跋鮮卑的**北魏**統治較長時間（約150年），甚至出兵草原攻打同族的柔然汗國，儼然華人的架勢，西方鄰國一度以「拓跋」稱呼中國。大攪拌時期的殺戮雖然酷烈，但三百年下來，跟同時期的歐洲類似，最終都混融了。不過，歐洲原有的城邦成為不同語言文化的新歐洲人的邦國，而黃河流域的遊牧族群則同化為新華人，可見華文化、農耕、中文的承載力。北方華人從此混有泛鮮卑血緣；南方華人則混有泛百越血緣（苗瑤壯侗等少數民族；其中閩粵的**南島**語族，約6千年前頃擴散到臺灣，並從臺灣擴散到菲律賓及大洋洲。有興趣的讀者可讀復旦大學關於中華民族遺傳基因的研究報告，另外，中科院的**傅巧妹**是這方面專家）。

　　這時期的遊牧民篤信佛教，北朝遊牧政權率皆崇佛，開窟造像、傳播佛教，寺廟僧侶與廟產免稅、役，佛教又特別適合慰藉亂世的人心（認命唄），以至於南朝華人政權也信了佛教。6世紀初，南梁國主**蕭衍**改良佛教的傳播方式，除**定下僧侶吃素的規矩**之外，還制定梵唱誦經的漢樂，佛教加速普及於全中國，並傳播到韓、日、越南等地。4-7世紀，中印佛教文化交流熱絡，中國大規模翻譯佛經，信達雅俱全，拓寬了華文化思維（那時的中國知識分子盡力糅合儒道佛三家）。7世紀，佛教就開始華化為禪宗了。遊牧民除帶

進佛教之外，許多習性也影響了華文化，例如，草原族群嚴格的貴族階級制度（就是後來華人的「門第」），一家人同桌、共享大盤菜餚（華人原本是席地而坐、就矮几分食的）等等。

　　6世紀末，具有鮮卑血緣與文化的**隋、唐**帝國又統一了中國，王朝更替的歷史模式沒變。隋存在了37年，唐存在了289年，近乎秦、漢帝國的情況。隋留下更有組織的官僚制度，開科取士、以考試成績任命文官（不徹底，因為即使考中進士，依然需要貴族的「背書」）。隋煬帝不恤民力，為了方便南北交通而開**鑿大運河**，為了吸引絲路外貿而在甘青召開「世界博覽會」，他是唯一到過甘青邊陲的中國皇帝。隋煬帝的罵名背後，是奠定了此後華南的大發展的。唐承襲隋制，唐文化直追漢文化，此後的華人也自稱**唐人**。唐王朝的草原性格在面對跟突厥汗國的鬥爭中展露無遺：完全不修長城，而是以騎兵開到塞外對抗突厥騎兵，最終據有蒙古草原，使得泛突厥向西遷徙、成為現代土耳其的源點，影響了歐洲格局。唐文化開放大氣，音樂、詩歌、舞劇等藝文表現都有草原風味，唐化的日、韓深受影響，日本保留了許多唐文化遺跡。

　　也許唐人最接近現代人思想的是來自7世紀的禪宗大師慧能，他有一次在法會上說：「慧能無伎倆，不斷百思想。對鏡心數起，菩提這麼長」，用普通話說就是：「我其實沒

啥費心思的功力，反正控制不住大腦、就由得它不斷胡思亂想。對外面的境況，反正控制不住心理，也就隨便心理愛怎麼反應就怎麼反應。但我覺得我的心靈狀態還是挺接近佛性的」。充分反映了禪宗的思維：從面對與接受的實在之中，找到契合佛性之處。**佛性**，是佛家對理想化的人性的代名詞，猶如偏於個體經驗的西方文化強調的**自由**，或東方文化在個體與集體的均衡體驗中強調的**自在**或**自如**。

科學地說，世上的一切存在，都是時空演化的結果，生物都難逃生化基因組複製、演化的宿命，而演化出來的人類，在生化基因組的硬體基因之外，還有軟體的文化基因組可以經由（腦／心）擴容。文化軟體雖然也相當精準複製，但修改相對容易。這個可以人為修正的軟體便是把生命**操之在我**的自由度，成為人之所以為人跟其他生靈的最大差異。當然，自我與人群、個性與群性，是辯證地並存，相互影響、糾結、難以分割，沒有絕對，只有相對，這符合大自然的遊戲規則。宇宙會繼續演化下去，但人類至少不是機械式的宿命，未來是操之在我的一個希望與意志，也許這就是生命的「意義」，哪怕需要計畫、準備、執行光年距離的星際移民！

慧能看到風吹旗飄說：「不是風動，不是幡動，和尚心動」，意思是，自然存在的事物不過是人腦對感官信號的心靈詮釋。這未免絕對化了自我的心理作用，但他那時代當然

沒有現代對大腦硬體與心智軟體的認識，也不知道群與智的互為因果的演化。事實上，限於意識、認知、知識的進化和積累，時空上的人們常常會絕對化一些思想或表達，這並不妨害「智慧」，越是超越絕對化思維就是越有智慧。做為智慧，人類的科學經驗其實就是不斷刨去求真過程中的「絕對化」思維，現代人不會偏執於絕對的軟體或硬體的存在，現代人已經認識到：這個宇宙或許存在智人之智還無法理解的無因之因，但現代人確實感受到數理遊戲規則之下，時空質能動態均衡的、人類可理解的「存在」的狀況，包括信息與生命的現象。

　　唐帝國盛期也是藏文化（吐蕃）與伊斯蘭文化勃興的年代，三方都向中亞擴張勢力，8世紀中葉，什葉派為主的阿拔斯伊斯蘭帝國（黑衣大食）擴張到了中亞的烏茲別克，唐帝國軍隊在那裡被黑衣大食打敗，適逢唐內亂，唐就此迅速放棄西域。但佛系的吐蕃繼續經營西域，中亞世界要到11世紀後才伊斯蘭化。13世紀，蒙古汗國暴起，伊斯蘭向東的擴張也就止於中亞世界。

　　10世紀初，唐帝國覆滅。中華大地經歷**第二次**草原遊牧族群入侵（五代十國），不到百年的血腥程度超過南北朝時期的**第一次**，人口從約8千萬銳減至3千萬左右，這時華

南的經濟與人口已大超華北。這一次的入侵除泛鮮卑之外，還有中亞的泛突厥，以及甘青的羌藏諸部，那時的中國存在了十幾個國家與王朝。

西元979年，**宋帝國**統一了中國，實際大致是北以淮河流域爲界、西以黃河河套爲界，跟**遼**（**契丹**）、**西夏**（唐古特爲主的族群）共存。那時，**契丹**汗國早已稱霸草原並擁有長城內、北京附近的燕雲16州，對漢地稱帝、對草原稱汗，「契丹」Cathay、Kitan到現在仍是中國的另個稱謂。宋遼、宋夏各自打了幾回，結局以宋購買和平收場。後來泛鮮卑的**女真**遊牧族群的**金**滅了遼、繼承了遼在華北的地位，金又攻下了宋帝國都城開封，迫使宋王朝南遷（**南宋**）。當時的中原華人又再次大規模遷徙到長江以南，估計先後達五百萬之多。徹底改變了華南風貌。

建立宋帝國的**趙匡胤**大帝是個破格的人物，爲了破除軍人干政的習性，他即位後迅速收繳了將領們的兵權。爲了破除華北的門閥與貴族制度，他宣布平民化科舉考試、農工商階級也可參加，且考中即可任官，使得文官體系超然於階級制度之上！宋帝國的文官甚至告訴皇帝：陛下乃與士大夫共治天下。這是人史上第一個完全由文官管治的國家，武官成爲文官的部屬。但重文輕武的結果造成國家極大的經濟負擔：（1）雖然對外購買和平，但百萬常備兵的糧餉器械不可省，況且還眞的會有戰事摩擦；（2）每年科考的進士人

數積累得很快，三十年下來就有數千人，都是國家財政要俸養的高階文官，更何況官僚集團的膨脹自肥已經是人類共同的文化習性，國家管治的人口越大、組織越複雜、官員與開銷越多。

宋帝國只好轉型爲隱性的工商國家：借重盛唐的經濟措施經驗，從刺激商業增長中截取各項利稅。在開國半世紀之後，商業與專賣稅收已占中央財政收入六成以上。金兵滅北宋時，中國人口達 1.2 億、城市化達 20+%，商業稅收更達中央財政 85+%！**現代的商業與金融工具，宋帝國在 11 世紀初就已開發完備：紙幣（北宋交子、南宋會子）、儲備金（政府常以海洋外貿的奇珍異寶充當）、海關（榷場）、銀行（錢莊）、匯票、有價證券（引，包括營業執照、專賣證、提貨單、貨物通行證等，均可買賣）、信貸（賒）、專業運輸公司、專業仲介（有官府牌照的牙人）等等，支撐了宋帝國經濟的繁榮、文化的絢麗、技藝的創造發明。南北兩宋存在了共 320 年，重文輕武、平民化科考、商業化社會運轉的結果，宋文化獨樹一幟，是現代華文化基因裡的重要組份。出海謀生的華人，漢人、唐人、宋人，都是他們認同的標籤，自由混用。**

南宋一直活在金王朝的陰影下，被揍怕了：13 世紀起，金王朝也一直活在成吉思汗的陰影下。1271 年，忽必烈一統了中國全境，對草原稱汗、對漢地稱帝，是爲**元朝**。

這是**第三次**的遊牧外族入侵，但忽必烈的征服並不屠城。元朝統治中國全境97年，拓展了中國版圖。基本上沿襲宋制，並把宋的經濟措施擴散到蒙古共同體。那時亞歐之間的海陸交通沒有太多的人為障礙，商貿鼎盛，比如，蘇麻尼青的寶藍色釉料與工藝畫匠從伊爾汗國來到中國（典型的來料加工），由景德鎮的官窯加工為**元青花瓷**，再外銷到西方，成為第一個現代意義的全球時尚商品，甚至改變了華人的傳統審美觀。由於**宋**、**元**持續的工商立國以及對外的開放，手工技藝、元曲（含地方戲劇）、大眾流行小說（比如，《西廂記》），都是國際化的元朝統治多族群與多文化的影響（需要通俗化嘛），只不過被後來的政治話語淹沒罷了（明朝的農民革命需要民族主義和以農立國的話語，歐洲新興各國則需要歐洲中心論與白人種族主義的話語）。

天下畢竟沒有白吃的午餐，商貿繁榮的背後，萬萬稅！自宋王朝發明鈔票以來，具體管治政經社的**官僚階級**的權與利的**體制性貪腐**，註定了貧富懸殊與通貨膨脹的宿命，繁榮富庶的宋王朝也照樣爆發多次農民革命。元末天災頻仍，鈔票信用崩盤，民不聊生，各地農民大造反，西元1368年，真正農民革命的**朱元璋**與**朱棣**父子的**明朝**建立了。

明王朝夢想回歸的**農業中國**那時已無實例可循，現實

上，明朝繼承了元朝的基業與社會，無論朱元璋如何大肆誅殺與民爭地的各級官僚（即便有政治算計在裡頭），畢竟還是保不住農民的土地被地主豪強兼併。1368-1644的明朝，中央王權達到極致，官僚吏治的腐化程度也達到極致，中國的境況跟同時代的歐洲大不相同。那時的歐洲是耶穌教黑暗時代裡躁動不安的各族群新歐洲人，正在認祖歸宗希臘城邦理想以解放思想（**文藝復興運動**），如飢似渴地學習天主教教化之外的知識（**啟蒙運動**），並努力建立新的文化與制度（**資本主義**）。而明朝社會則是經歷了宋元工商洗禮的人群，城鄉的差距與分化一直非常明顯，但那時候的中國人並不知道怎麼優化管理龐大數量小農的農業中國的政經社。

朱棣數次出長城親征蒙古，以小型火器取勝，依然撼不動黃金家族的蒙古共同體，終明之世，明朝一直面對泛蒙古的威脅，尤其是新興的帖木兒汗國的壓力。1405年，出於到西方尋找聯盟對抗蒙古的政治目的，明朝建造了一支龐大、先進的船隊，由**鄭和**率領，連續六次下西洋。朱棣一死，航海活動暫停。1431年，年近花甲的鄭和最後一次下西洋，回航時病歿。鄭和航跡遍及東南亞、印度洋、東非多地。但文官系統隨即以勞民傷財的理由關停航海活動、閉關鎖國，這或許不是過激反應而是有意識的內縮行為，連造船與航海圖紙都銷毀殆盡，海洋中國突然大斷層。

這樣的明朝卻諷刺性地出了一位中國歷史上最務實的宰

相：16世紀的**張居正**，除了重用中國史上眞正意義的職業軍人、剿滅倭寇的名將**戚繼光**之外，還抓住了社會的眞實矛盾。中國老百姓要的無非是幹實事的、而不是官商勾結的官僚階級，張居正的**一條鞭法**與官僚**考績法**，切中權與利的要害，基層平民與國家都迅速恢復正常運轉。倭寇對海疆以及遊牧民對邊關的侵擾，無非是失去正常的交易管道，只好訴諸掠奪。張居正只不過**開關互市**，邊境摩擦立馬安分。明王朝不過才開通幾個口岸和關卡，抽取關稅之外，還刺激了內外貿易繁盛，民間與官府的白銀迅速積累達億兩數量級，以至於中國成爲銀本位國家（原來的銅錢依然並行流通）。但張居正一死，官僚吏治迅即原形畢露。

現代人很難想像，明人是怎麼做到的：既有《**三國演義**》、《**水滸**》、《**西遊**》、《**金瓶梅**》等把眞實世界虛擬化爲小說故事的文藝，又還能有《**本草綱目**》、《**徐霞客遊記**》、《**王陽明心學**》、《**天工開物**》等那樣實在的功力。這些事蹟的背後，其實宋元的影響顯而易見，比如，北宋的詞曲與技藝的準科學（《**武經總要**》、沈括的《**夢溪筆談**》等）、**南宋理學**（朱熹爲代表），以及元人通俗化與奔放的文藝表達。

到17世紀時，簡單說，3-6世紀遊牧族群大遷徙之前，兩漢王朝已經統一了中華世界四百多年，華文化已經定型爲漢文化。此後的中國經過四次草原遊牧族群的入侵與大攪拌（3-6世紀的五胡亂華、10世紀的五代十國、13世紀的元

朝／蒙古汗國、17世紀的清朝），中央王朝一統的模式與格局，倒進化得越來越制度化、組織化。血緣與文化的擴容使得管治方式更為有效，中國版圖的擴增，除了秦漢，都是繼承了外族入侵後的混融結果，最終都內化為「中華文化」。

　　如果按現代的「國家」話語定義，中國歷史可以按時序與體質，大致分為四個階段：秦、漢（前221-220）、隋、唐（581-907）、宋、元（960-1368）、明、清（1368-1912），大致對應四次草原遊牧族群的入侵與混融。中國傳統文化的原型是「小農經濟＋漢儒文化」，變易不大，但每個階段的「華人」的德性都注入了濃重的外來因素，「中華」的概念一直在演化。

　　習性上，秦漢重農輕商，隋唐重農而不輕商，宋元重農更重商，明清回歸重農抑商（但不同於秦漢，畢竟經歷過宋元的工商洗禮），文化的交叉與融合非常明顯。中華世界階級與權利制度的演變裡，統一的中央王朝的模式沒變，具體管治只好是權貴、官僚、商人三個階級的畸形而隱祕的組合，事實上，這已經是現代西方資本主義典型的運作模式了。

　　明清時期的知識分子最喜歡說：輕稅、不與民爭利，其實就是利益勾結的體制性貪腐的潛臺詞，以便從官府分利，

類似華爾街與美聯儲的以**私有化**、**自由化**為潛臺詞的資本主義體制性貪腐。在中國長期分化了的城鄉二元社會裡，朝代的興衰與更替成為必然。

（四）大拐點：發現了科學

前述各節，算是精簡扼要描述了到17世紀末為止的、亞歐大陸板塊的**西部**（環地中海地區）、**中部**大草原、**東部**（中國），三塊地方的人文與歷史輪廓。

文明和文化離不開人群在時、空上的銜接與路徑，這本來就是適存演化的關鍵條件，對人類而言就是：**人文**跟**地緣**（**地理／氣候**）之間的動態關聯。比如，地球氣候的些微震盪令亞歐大草原感冒（遊牧族群遷徙），東、西方隨後跟著發燒（蠻族入侵）。又比如，四千年前地球一個偶然的間冰期氣候暖化就使得長江下游的良渚城邦群被海侵淹沒，那時的黃河城邦群當然不知道這樣的「天機」，但隨機發展為區域霸權。黃河流域的象形華文最終維繫了中華城邦世界，西元前三世紀大一統出中央集權體制的**秦**、**漢**王朝，在小農經濟的基礎上，穩定了糧產與社會，成為此後的中國特色。

西方環地中海文化圈的地理／氣候、一直混雜著農業城邦與遊牧部族，**南岸**原住民裡的閃米特遊牧族群包括猶太人、阿拉伯人、腓尼基人、阿卡德人等，機動方式包括馬、

駱駝、帆船。4千年前阿卡德人也築城、建邦、定居、農耕，成爲蘇美爾城邦世界的第一個**帝國**，下轄種植和放牧並存的城市與部落。3千年前**北岸**的希臘人跟同時段的歐洲原住民不同，其「公民」城邦近於遊牧文化的自由概念，顯示其族源是從地中海東岸或南岸遷徙過來的遊牧部族。

由於很早就使用了拼音文字，環地中海文化圈維持了眾多城邦與遊牧族群的分化。易學的拼音文字，成爲西方人文的最重要載體、**中西文化差異的最大項**。從腦神經系統的角度看，拼音文字強化了語言的聽覺表達，所以西方文化的音響藝術發達，戲曲與演說即文章，但文學上就要常用隱喻來增加意象。而象形華文強化了語言的視覺表達，文字意象豐富，書法即藝術，所以中華文化的線條與圖像藝術發達，但演說不易生動，感受不到華文內蘊的意象張力。

人文積澱了二、三千年之后，才有西元前6世紀時的波斯帝國。**帝國**的意識影響了階級與權利制度之下的人爲選擇，時至今日，連公司、俱樂部等群體也常以**帝國**來形容，更何況國家、民族。

人史紀錄了西元前6-4世紀時的社會反響。這時段，波斯帝國、亞歷山大帝國、中國戰國時期、亞歐草原匈汗國崛起，人際經常彼此攻伐、混戰，殺人如麻。有感於人間的各種紛爭引致的無奈與悲哀，人類各族群在2500年前相對集

中的時段裡產生第一批「智者」、「哲人」：伊朗的**瑣羅亞斯德**（拜火教主，一神教的開拓者），印度的**佛陀**，中國的**老子**和**孔子**（還有**墨子**等「百家」），希臘的**蘇格拉底**（及稍後的**柏拉圖**、**亞里斯多德**）等等，各自都開始了對現實政經社的批判，以及對思想和精神世界的探索，追求人性的真善美境界，成為留傳至今的人類共同遺產。

時段上如此集中的「巧合」，只能是各地的智人之智對那時候已經運轉了數千年的階級與權利制度的反映和反應。自從「文明」之後，全部人史的基調都是帝王將相的砍殺史、國際的戰爭與掠奪史，簡單說，都是階級、權、利的話語，成王敗寇，鮮少記述一般人民的感受，古今中外沒有例外的。重點在於：對「人」的關懷，「人性」跟獸性的最大差別就是對同類的共情與同情！

在這樣的歷史演化與氛圍中，思想之外能夠引起共鳴的也就是表達情感的藝術了，人群大不乏流傳至今的音樂、繪畫、藝文的創作，及其藝術家的名字，屈原、李白、杜甫、蘇東坡、莫札特、貝多芬、梵高、鮑比迪倫等等之能夠家喻戶曉，非洲節奏感音樂之能夠成為時尚流行，都有人性相同的本能：情感。

但，17世紀後葉西歐發現了**科學**，人史走到一個**大拐點**：自從萬年前集群定居的農耕文明以來，路徑依賴的進化

速度在人類不自知的情況下，技藝與知識的積累，悄然以積分的方式、指數式加速，終於貫通爲另一個量子飛躍：科學。這是純粹理性的數理思維，超越地緣、人文、情感之上，僅只聚焦於**求真**，幾乎立即成爲人類最新、最有用、學而後能的文化基因。

科學時代：18世紀迄今的人史

17世紀後葉的牛頓，以及其後的達爾文、愛因斯坦等等，引領人類進入科學時代。科學迅速超越傳統文化成爲現代人類唯一從形式到實質都完全共通的文化基因，雖然目前仍被人類已經習慣的階級與權利制度操控，但必將迅速成爲最強大的文化基因。

農耕是人類物種的一次量子飛躍，基本解決了吃飯問題，科學是又一次量子飛躍，解除了「知其然、不知其所以然」的摸索狀態。18世紀迄今，各門學科知識的深入與突破，顯而易見；更重要的是，學而後能的**科學方法**成爲現代人的基本思維，人類的思考方式大躍進，發現與解決問題的**智能**，數量級地增長，成爲人類教化的最主要文化習性，並且是統一的形式、內涵、表述，使得現代人的（腦／心）有了一個完全相同的**標準軟體**，超越所有人群在時空上發展的

傳統文化。不同文化習性的人群，要表達、翻譯、溝通並不容易，語言是必須的，但常常形成佛家說的「言語障」，人際經常無法確認溝通是否達意、真確。藝術還可以引起共鳴而同感，科學的信息與知識則直接了當，不用太多翻譯，使得人類**群**與**智**的本能極致發揮，根本性地改變了人文環境，以及，極速化了科技的進化。

人類一直設法提高手工產品的產能與品質，畢竟**產品性價比**就是現實的交易競爭力。各地古文明很早就有大型作坊，集中手工匠、優化技藝的傳承與創新，以及生產流程的分工與管理。這些想法與實踐，「合理」地運用人力與技藝，就是原始的科學方法。限於時代與地域條件，即便商業發達的 11 世紀宋王朝仍舊只能倚賴分散的家庭作坊來製作絲綢，顯然那時單人操作的木製手工紡織機是重要的生產器械，宋人也不遺餘力地創造更有效的紡織機，而集中在景德鎮河岸的瓷器製造已經具備「工業化」流水線的雛形。

18 世紀初，蒸汽機的應用，使得歐洲的動力需求不再依賴人力、畜力、簡單水力或風力，真正開始利用自然資源（煤炭），加速了各種礦業開採，鋼鐵與金屬的機器製作大大發展，引爆了歐洲工業革命：生產方式的工廠化和機械化。但器械、職業工人、工廠，及其規畫、設計、組織、工藝流程、管理，需要大量資本投入，促成了**資產階級**及其**利潤掛帥的資本主義**的回饋機制，夯實了資產階級的權利基礎

與話語權，資本主義終於制度化爲歐洲**新興文化**。

14-18世紀西歐文藝復興與啟蒙運動，之所以是「文化大革命」，解放的不止慾望（**情**），還有思想（**理**），都是軟體的。18世紀迄今，各門科學極速發展，聲、光、化、電、生、磁、熱、力等等。對這些自然現象的感覺、認知、實驗，人類當然古已有之，並隨著人類的進化而慢慢積累。就人類可及的時空範圍，科學方法是當下最能逼近事物眞相的（腦／心）運作，關鍵是使之成爲專業的**系統知識**。相關的應用，光是電力業（發電、輸電、電機等等）與電子業（電控、電訊、電腦等等）兩項就已經是現代城市之不可或缺，而化工業、機械業更早已是現代社會的基礎產業。現代人時時刻刻都圍繞著這些科技團團轉，牽動著全人類的福祉。這些學問已經專業分工到隔行如隔山，沒有人可以學會所有技術、通曉各門科學知識。但**科學方法**本身只是個意識、思維、認知的軟體，連政、經、社及其相關的人群心理、慾望、神經系統等都盡可能地被量化、解析、了解。人史做爲人群進化的經驗與數據庫，有很不一樣的現代科學的闡釋與意義。

1687年，英國的**牛頓**發表「自然哲學的數學原理」，用數學方程式與微積分闡釋了萬有引力定律，這是科學文明的里程碑。人類求知的方法一直是：觀察、實驗、數據、推理、歸納，無非經驗需要慢慢積累，能夠留傳下來的資訊漸

漸形成了比較足以自圓其說的「知識」，過程中難免產生主觀的錯誤。牛頓是第一個將物理與數學知識集成為「科學」的人，主要靠他的數學邏輯與思考的功力。當時的歐人把「科學」列為希臘自然哲學的範疇，要到18世紀後才清楚定義**科學**。

牛頓發表數理論文的次年，英國恰巧就「光榮革命」了：議會廢黜了意圖復辟天主教的國王、迎立長公主和她的荷蘭夫婿（當時的荷蘭執政）來共位英國君主，並把王權虛化（權利法案），落實了資產階級（那時主要是地主）與貴族共和的中央政權，這就是現代「民主帝國」的開端。而那時新教的荷蘭已經是海洋霸權之一，英荷之間還存在競爭關係。這並不奇怪，西方文化一直都是王權貴族階級主導的邦國林立、相互交易與掠奪的狀態，戰爭與和平隨時可以發生。

對西歐而言，18-20世紀是科學文明加持了原本的**交易與掠奪**的力道，科技進步大大提高了武器與商品的質與量，如入無人之境般的殖民、掠奪、交易的成功，大大增加西歐人群的文化自信。這時段的歐洲，各種產業蓬勃發展，人民生活基本富足，社會在利潤掛帥的資本主義制度下，高效運轉，知識、技術、藝術飛速發展，資產階級的財富也相應指數式增長。但資本是超越國界的，金權成為所有**權與利**之

首，資產階級及其資本隱身在各國的王權與神權背後，實質
管治各國的政經社行為。

　　19世紀初葉，英國擊敗法西聯合艦隊，結束了法國拿
破崙一統歐洲的夢想，**大英帝國**海洋霸權暴起。事實上，16
世紀起，西、葡、荷、比等各國憑藉海洋機動與堅船利炮，
就開始對美洲和非洲進行血腥殖民與掠奪，英國則以海盜行
逕劫掠西班牙船隻，逐漸累積起強大的海軍運作經驗。19
世紀英國開始進軍東方的印度與中國，1840年掀起對華的
鴉片戰爭，開啟列強掠奪與殖民中國的浪潮，日本見勢後轉
型西化。這時，亞歐大陸板塊原有的伊斯蘭世界與中華世界
均已確證不堪一擊。由此，西歐的文化自信無比膨脹，**達爾
文演化論**被曲解為「**進化論**」，恍彿人類社會和歷史有個天
然賦予的演化方向與意志，類似中國傳統認為的那樣。但，
一方面歐洲各國之間頻頻爆發戰爭，互相爭奪權與利，一方
面則興起歐洲的白人種族主義與歐洲中心主義浪潮，自詡為
人類文明之最，直到20世紀初葉，莫名其妙打了兩回**世界
大戰**：一戰與二戰都是歐洲列強間的大戰，幾乎全毀之餘，
歐洲知識菁英才有所反思。

　　1917年，一戰末期，俄國共產革命，極大震撼了歐洲
傳統的貴族階級與新興的資產階級，及其利潤掛帥的資本主
義制度，全球思想都受到衝擊，一時之間，左右翼思潮站邊
對砍，而宣傳得法的德國希特勒，操縱媒體、對德國民眾洗

腦，納粹法西斯趁勢暴起。歐洲各國在一戰與二戰所表現的歇斯底里程度，迄今依然引人深思：極其理性的科學文明，竟然無法阻止文明國度之間毀滅性戰爭的發生，到底是什麼原因導致有理性的人群情不自禁地自毀？

科學方法是數理式的思維，至於怎麼在階級與權利制度下，「合理地」分配利潤、降低社會崩塌的風險，涉及文化、心理、慾望等人性相關的因素，這不是科學數理能夠推演的問題，以至於「**合理**」本身成為「**荒謬**」的源點，畢竟人類（腦／心）的「情理」是從眾多基因的本能裡演化來的，而**群、智、公、私**等本能是相對而互補的，**情**與**理**在演化上的功能也是辯證統一的。

20世紀中葉，法國卡繆（Albert Camus）反思西方傳統文化裡的「理性的暴力」或「邏輯性的罪惡」，包括德國的納粹現象（可廣推到因宗教、國家、政治等信仰或文化習性而**合理地**殺人），卡繆指出一個人道悖論：「人生處在荒謬之中，但人生值得過。無論這世界多麼荒誕離奇，你都要選擇活下去，但不是苟活、而是活過荒謬，儘管你這一選擇可能無比荒謬！」

生物的基因組裡存在辯證的許多本能，由此演化的人類文化只會衝突？兩個陌生的黑猩猩群落或獅群落，由於天然

的領地意識和本能，接觸的時候可能就是群毆的時候；但兩個陌生人群第一次接觸的時候，只會激發敵意？1620年冬到達北美的一批英國移民艱難求生，美洲原住民送來火雞，人嘛，那時候的老美應該是感激原住民的，以至於現代美國人要過**感恩節**、吃火雞。人的現象是很無奈的，相愛相殺，都是人性，如果文化差異只會引發人際對抗，那麼萬年以來，人類應該存活不到今天。生命世界實際從來都是共生的，大自然的秩序包括**納許均衡**還有**相對論**，就是不存在**絕對**！

一戰、二戰是人類文明的悲劇。偏偏二戰後迄今，人類還沒活過各種「意識形態」、「種族主義」、「利潤掛帥」、「民粹」等的極端與荒誕，更不會反思利潤掛帥、唯利是圖的資本主義對人性的傷害。二戰後的標誌性歷史事件是美國這個「民主帝國」暴起，繼承了英國人的血緣及其海洋霸權文化，挾核彈加上高超的科學方法運籌學，成為史無前例的全球超霸。雖然在跟蘇聯爭霸的過程中贏了對蘇聯的意識形態冷戰，但打輸了韓戰、越戰、阿富汗戰爭等區域熱戰，使得21世紀的美國，心態糾結到只剩下赤裸裸的「美國利益」。

文明以來，各種人為的階級與權利制度的競爭思維造就了鄰居之間的「地緣政治」，無非空間遼闊，地緣政治隨人類機動力的增長而愈加緊密連結。輪船、飛機、電訊出現後

的人類世界實質上已經「全球化」，國家機器反而是人際交流的障礙。二戰後出現匪夷所思的「意識形態」壁壘，簡單說，就是戰爭時期群眾歇斯底里症候的延續。美俄冷戰結束後，美歐各國政府由於軍工複合體的利益，居然無以終結這個荒誕的歇斯底里症候，反而到處製造戰爭矛盾，圖利資產階級統治集團，這是赤裸裸的「反人類」罪行！

人性本能的階級與權利制度是習於鬥爭、搶領地的，這個獸性的殘遺使得文明一開始，人群就互鬥爭霸，邦國與部落相互征戰、兼併。無論從埃及、阿卡德、波斯帝國起算，人類有意識、有組織的「帝國時代」都已進行了3-5千年，人群依然活在中國**戰國時期**似的氛圍，「文明」的人類該怎麼辦呢？永遠的戰國時代嗎？

以上是18世紀迄今，最簡略的西方歐美歷史的境況。

17世紀，對東亞中國而言，**第四次**的外族入侵又來了。泛鮮卑滿洲遊牧族群的**清王朝**在1644年滅了明王朝，並繼承了明朝的王權絕對以及官僚吏治的腐化。滿洲部落人口不多，入關的清兵大約15萬而已（含滿化的蒙古與漢旗）。那時的地球正逢「明清小冰期」，間歇性的極寒連廣東也時不時下雪，飢荒使得農民只好造反，而明末還發生鼠

疫，人口銳減。入關的清兵屠戮相當血腥，鎮壓漢民非常徹底，規定全部男性必須薙髮易服、跟滿人一樣，女性則不用改變，叫做「留頭不留髮，男從女不從」。除此之外，滿人倒是全盤漢化，就此統治中國到西元1921。清王朝漢化到「比漢人還漢人」，王室教育嚴謹，達到中國朝代之最，但思想鉗制也是中國朝代之最，因文字、思想入罪的案例在清朝屢見不鮮。

明朝後期，美洲原住民的薯類作物由菲律賓擴散到中國，容易種植，許多農民得以承受住天災，明清人口總體呈上升趨勢。18世紀末，中國人口突破三億，正當乾隆盛世，這警訊出現後，19世紀初就發生飢餓的農民起義了，接著19世紀中後，**太平天國**大造反，而日本明治維新，不久，日軍就已經成為1899年的八國聯軍主力。

明、**清**高度近似，社會內卷、結晶、固化。16世紀後葉，天主教士利瑪竇已經到達中國，並結交中國士人，一起中譯了西方的幾何學等，此後直到明朝滅亡，中西文化交流仍不得其門而入。明初朱棣親征蒙古時，騎兵已經配備小火銃，並且有神機營（火炮部隊），此後直到17世紀後葉清朝康熙以火炮驅逐沙俄帝國覬覦外興安嶺，**明清**火器當時都還能夠跟西方匹敵。但18世紀後葉的乾隆卻還在用著康熙時代的火器營裝備，「康乾盛世」的後大半實際是中國失落的一百年，失落是思維軟體。那時乾隆的**清緬戰爭**以傳統火器

跟緬軍的英法槍支對仗，當然打得狼狽，北京雖得到情資，但卻無人在意，固步自封如故。

　　明、**清**，政治緊，經濟鬆，基本上閉關鎖國，而放任內部市場經濟自由流通。表面上，**明清**的農業稅收很低，官府專賣之外的商業稅也低，任由官商勾結爲利益團體、相互投資，所以輕稅，官僚美其名曰「不與民爭利」，商業利潤裡頭自有官僚的份。但羊毛出在羊身上，天下哪有白吃的午餐，中央規定的稅輕，只不過是官僚上繳的任務輕，而豢養王朝、貴族、官僚與資產階級的錢當然還是平民百姓負擔，商品物價就包含了所有利、稅，另外還得繳納吏治灰色領域的各項規費。清朝的海洋外貿限定在廣州口岸，並且只有十三個商行可以仲介外貿，利益之大，使得廣州官府和商人一起遊說中央大臣與皇帝，反對增設外貿口岸。以至於**鴉片戰爭**時，英軍焚燒十三行倉庫，白銀熔化、流上馬路。太平天國起義後，清末內外戰爭頻繁，王朝財政枯竭，除了開徵各項商稅籌款之外，還找富商「捐官」（捐官始於清初，但不盛行），就是買個官銜，有面子、見官不用下跪，但所費不貲。

　　鴉片戰爭的境況比清緬戰爭還要糟糕，中國人對外洋的了解或情資幾乎完全無感（林則徐、魏源除外，他們特意去澳門收集西洋書報，但那時的老中不信他們）。曾國藩用洋槍隊打敗了太平天國，勉強搖醒了一些人（中學爲體西學爲

用的洋務運動），要到八國聯軍之後，20世紀，方才眞正醒
了過來、開始努力跟國際接軌。

這裡說個具體反映19世紀後半葉那個時代的故事，是
跟上海交大歷史教授**張志雲**（專攻中國海關史）交流出來的
結果：兩次鴉片戰後，廣州之外，通商口岸大量增加，清朝
海關衙門一時手忙腳亂，英國開始介入清朝的海關事務，派
人「協助」建立多地海關，由清政府出高薪任命英國人進
行各層級的管理，行事專業而科學的**赫德**被任爲海關總稅
務司，成爲清政府的大官，俸祿優渥。赫德中文非常好，任
上幹了近半世紀，不但創立嚴謹、專業的中國海關組織與制
度，做到一年上繳關稅達2千萬兩（約占清政府財政收入的
1／4），成爲晚清王朝的財神爺；而且還創立了新式中國郵
政體系，十分敬業。另外，赫德讓總稅務司各級華洋部屬養
成收集信息與數據的習慣，建立資料檔案庫、細密的進出口
數據統計與分類，成爲反映當時中國社會狀況的數據庫。

赫德是英國的「時代青年」，二十出頭就到中國。在他
身上可以看到西方的文化烙印，**科學方法**、讓數據說話。做
爲清王朝的官員，他盡責盡力爲海關在全球召聘不少專業人
才，不貪腐之外，嚴謹**專業操守**，對英國的進出口貨物按制
抽稅，毫不偏袒。張志雲從海關數據庫裡挖掘出關於中國地
方疾疫報告、中醫方書、中藥材的出口數據和資料，發現當
時英國的興趣集中於傷寒、霍亂之類的中國稱爲「熱瘟」的

流行病，顯示當年的西醫對瘟疫相當束手無策。但1880之後，海關這方面的出口數字大減，迅速歸零。原來，在此之前的西醫並不比中醫高明，尤其在流行疫癘方面，而1880是西醫發現致病細菌的年份，此後西醫的發展便迅速超越中醫了。

鴉片戰爭開始（1840）到對日抗戰結束（1945）是**第五次**的外族入侵中國，但這次不是陸路的遊牧族群，而是**海路入侵**的歐洲新興列強，入侵者具備跟草原遊牧族群一樣的機動性、階級社會、掠奪文化，並且進化出科學的文明，船堅炮利之外，還有各種專業知識。總之，出乎當時所有中國人的經驗之外。進入20世紀之際，清王朝居然跟民粹式的義和團合流，盲目排外，引發**八國聯軍**攻進北京城，在掠奪性的條約下，中國以次殖民地的位置進入20世紀，伺候所有列強，包括意圖「脫亞入歐」的新興日本。

20世紀初的中國知識分子，這次被搖醒過來：人類已經進入**科學時代**，中國迫切需要轉型「跟國際接軌」、「現代化」。不過，跟西洋對接，首先需要語言轉譯，幸好唐化之後再西化的東洋日本已經做了這道功課，於是學日本唄。大量現代華語詞彙：政府、機關、科學、文化、歷史、地理、政治、經濟、社會、物理、化學、數學等等，都是明治時期的日本學者轉譯的，信達雅俱全！

這時候，階級與權利制度在歐洲的演化早已進入資本主義階段，並已運行了200年。20世紀初葉的歐洲也矛盾與破綻百出。一戰後，蘇俄共產革命試圖以社會主義取代資本主義，二戰緊接著發生，天下大亂。從華人的角度觀察，當時歐洲的共同特徵是：科學、技術、工業，以及資本主義下的政經社制度（對內「民主」投票、對外「自由」殖民掠奪），中國是需要革命、轉型，但中國肯定不要引入會促發一戰和二戰的機制，焦點便集中在政經社制度軟體了，要學資本主義、還是社會主義、還是「漢家自有制度」？這就是清末民初中國大革命時期的境況：知識分子七嘴八舌，而現實是中央政權崩解，軍閥割據地方，有兵斯有土、有土斯有財。

最終，毛澤東領導的中共從傳統華文化裡找到革命之本：人民，也就是占比絕大多數的農民。中共的現代紅軍，做了跟明初朱元璋時代的紅軍同樣的路徑選擇：深入農村、爭取農民支持。而人民也顯然相信了中共更人性化的社會主義，這原本就是**以民為本**的傳統華文化。

回顧1920年代以來的中國歷史，科學地說，中共與共和國能走到今天，毛澤東那一代革命者堅定的意志和信仰是知識分子與農民都不惜命、前仆後繼的原因。那時中國社會無處不存在隱祕的中共黨人，類似早期耶穌教徒在羅馬帝國的歐洲傳播的狀況，甚至滲入國民黨的統治核心，國民黨的

情況與布署幾乎透明，而國民黨人卻不了解共產黨人，形勢就像似成吉思汗的征服：遊牧人了解文明人、文明人不了解遊牧人，跟瞎子打架有啥好怕的？結局已可預料。

以上是18世紀迄今，最簡略的東亞中國歷史境況。

西方憑什麼

當下存在的每個族群，各自都有憑什麼存續至今的歷史和本事，不獨西方環地中海文明圈的族群為然，也不獨東方中華文明圈的華人族群為然。各有時、空、人群、路徑的因緣，使得存在有理，實際上，當下的歐人、華人，或什麼地方人，都很難追溯族源到西元3世紀之前，但這都無礙於族群憑什麼存續或自吹的「偉大」。

西方對現代華人而言，比較專指歐美。西方宰治全球三百年了，憑新功夫：**科學、工業、資本主義**，都是文化軟體的進化。

現代人對科學、工業都很熟悉，只舉二例說明：（1）華人對瓷器技術自豪了千年，傳承的是經驗、不是數據，所以技術難以擴散或改進，但19世紀的法國化學家找到了釉料瓷化的溫度點，約1300℃，此後歐洲瓷開始返銷中國。（2）淬鐵成鋼，使鍛造的鐵器更耐用，這是二千多年前的

華人經驗，也是漢代推廣**鐵鏵犁**使得**小農經濟**相對高產的原因：鍛造出**鋼**成分。但也要到19世紀的歐洲化學家找到了鋼化的滲碳量數據，並量產各種鋼材，才全面武裝了歐洲，這就是所謂的**科技 know-how**。**這裡要講講人們比較沒那麼熟悉的、西方資本主義體制的方方面面。**

18世紀以來的近代史，是以英國與歐洲的崛起為主軸的。歐洲率先進入了「科學」的量子飛躍，此後不斷重塑人類許多認知與文化。這個**先發優勢**迅速改變了歐洲各國的政經社結構、乃至個人的意識和思維，但受益最大的卻是既有權、利的階級，尤其是最富的頂層資產階級。

首先，合法化掠奪所得的財產，是入侵歐洲的各個蠻族的原有文化，不容侵犯的私有資產權益的「**習慣法**」，大致形成於11世紀之後的西歐。其次，13世紀的威尼斯富商對城邦政治的操作更近於重商主義，而「資本主義」是在16世紀之後隨著歐洲各國競爭對外的殖民、交易／掠奪，才逐漸演化成形。當時荷蘭為了海外貿易的競爭而開發了銀行信用、可交易證券、股份制有限責任公司股票等金融流轉的機制與工具，並在法律上以**法人**的形式、最大化地降低投資者風險，資金與資產這才具備當下資本主義的資本屬性。

人類的「文明」，包括了分工、分配、貨幣、商貿、財富、私有資產等經濟「金權」相關的文化習性的演化，資產

階級只不過要到牛頓標誌性的論文發表的次年（1688）才找到機會取得主導政權的切入點（光榮革命），從而加速了「資本主義」的進程。前提當然是私有財產的神聖化、不容任何其他權力侵犯，這在 18 世紀才漸次完整。同樣地，人類的文明演化裡頭，當然也包括「理性」的進化，「科學」在牛頓之前早已不斷演化。重點是：資產階級透過資本主義遊戲規則來收割社會財富的方式，在牛頓時就已經相當完備了。資本主義是資本博弈的遊戲規則所形成的文化習慣，銀行講利息、公司講股息、任何東西都可低買高賣或買空賣空……，諸多逐利方式，利潤掛帥，唯利是圖；把「貪慾」合理化爲「人性」之最，以至於人人無所不用其極。

　　資產階級很容易藉由政權而壟斷一國之利並跟同夥分贓，「同夥」包括願意合作的王族、貴族、大官僚、大和尚等等既有權利或資金的人。18 世紀之後，歐洲傳統的王權階級與神權階級，大量被最富有的資產階級買斷、成爲這些資產階級的同夥。最有名的案例就是資產階級借款給戰爭對打的雙方政府（押寶），各國都以國家稅收爲還債的擔保，也就是私人借錢給國家去打仗，而無論打贏打輸，各國都需要大量資金購買軍火、撫恤傷亡、戰後重建。怪不得資產階級「聞戰則喜」，這已是現代資本主義最大的不言之祕。也怪不得一戰、二戰、各種戰事接連發生，而權利菁英的共犯們視若無睹：科技與工業進化的果實，都被資產階級收割了

去，只留下：戰爭國債，要好幾代老百姓的納稅錢來還。

　　這不過是**西方憑什麼**的門道之一，還有對外的殖民、交易／掠奪。關鍵在於**資本主義體制**使得資本逐利成為理所當然，科技適逢其盛地成為資產階級的利器。事實上，智人從未間斷過技藝方面的努力，人史上的權利階級也從未間斷過享受技藝的成果，只不過權利（王權、神權、金權）的排序古今不同而已。近代歐美的資產階級非常幸運，能夠編排、教化出資本主義體制的統治方式，又能享受**科學**這個量子飛躍的果實。但是，天下沒有白吃的午餐。

　　美國艾森豪總統的1961告別演說中，首創「軍工複合體」這詞，含蓄地提醒美國人要小心這個官商勾結的怪獸。他已經看到苗頭：資本操作以軍事工業為平臺，透過**遊說公司**「旋轉門」，以及「選舉捐款」等機制，隱晦、**合法**地分贓：要嘛退休後高薪聘入遊說公司，要嘛不斷資助其競選連任。把管理軍、政的官員與立法的議員等官僚納為資產階級利益的代理人，藉**國安**等理由向「主流媒體」鼓動造勢，以**合法化**各項大小戰爭、擢取重大利益。這樣的複合體利益共犯結構，使得美國成為有史以來最好戰的「民主」國家，建國以來9成以上年份都在打仗（並且，面對日益增加的槍支暴力傷亡案件，永遠通不過管控槍支的立法）！唯一任上不

打仗的總統是卡特，他是美國史上僅有的還有點良心的、還說點實話的總統。

現代資本主義透過各種「灰色」分贓機制，形成處處都是資產階級的同夥或代理人，共犯結構使得**人口占比10%以內的最富有的資產階級成為人類最極權的統治集團**！其極權專利的對象早已不止軍工產業，目前還包括保險—製藥—醫療複合體、金融—能源複合體、資本—互聯網複合體等等，旱澇通吃，社會貧富越來越懸殊。

科技進化並不能解決「人」的問題，歷史的演變本身才會顯現出人的維度。時差百年的思想者**馬克思**和**杭士基**都看到了西方歐美的問題：**資產階級**與**資本主義權利制度**。歐美的「民主帝國」，對內以「國安」機密之名隱藏統治機器（政府）對大眾的欺騙行為，對外則「自由」地進行殘酷的殖民和掠奪。結果就是當今世界格局。前面談過的2500年前的哲人們，早已觸摸到人群體制的缺陷，不再一味鼓勵追求權利與財富，轉而強調「人的價值」或「人性」基準面，這不就是**社會主義**的訴求？佛陀、耶穌、穆罕默德三大教主，傳教之初的教團都是公社似的組織，良有以也。

對環地中海文明衍生的西方文化而言，南、北兩岸的國家都是戰士階級打造出來的聯邦或邦聯，但在近代歐美資產階級的資本主義體制下，地中海北岸歐洲各「民主」帝國的

政治話語直接是遷徙而來的各遊牧族群的文化新裝，並給歐洲耶穌教會不包容的血腥歷史找到宣泄口。地中海南岸的伊斯蘭話語則一直就對接了原有的城邦與遊牧的混合文明，相對包容地延續了原住民族群與文化的共存，直到近代歐洲霸權崛起、對中東做了羅馬帝國都沒做的事：強迫推行自己的價值體制。西方歐美憑什麼？

　　宗教信仰是環地中海南北兩岸一致的文化基因，就文化基因而言，年輕的科學遠不敵年老的宗教信仰，這是人們必須了解的「人民內部矛盾」，人類還需要時間來統合純理性的科學跟相關入情的宗教信仰。但同樣年輕的資本主義立馬超越宗教信仰，因為，發財的私慾也是人情的範疇，而情慾對心理動物的人類的作用是決定性的，包括人群容易感染的歇斯底里症候。現代歐美的社會學者也認清了：源於希臘—羅馬的**民主**方式，點燃群眾情緒是必需的，就是要演戲嘛。政客們須具備如簧之舌、外加表演天分，賣速食般地挑逗起人群非理性的那部分神經系統，結局必然是**民粹**似的**多數的暴力**，希特勒是很好的示範。怪不得1974諾貝爾經濟獎得主，奧地利自由經濟學派的海耶克在其最知名的著述《到奴役之路》裡，重點批判俄式社會主義實踐中的政府極權傾向（獲諾獎的不言之祕），但也含蓄地批判**民主**體制的**民粹**傾向（同樣是「到奴役之路」！）。

　　資本主義成為人類社會核心軟體的三百年來，政經社各

層級的大大小小管治者都專注於「資產」的占有與「利潤」的擴大，統治的頂層資產階級很容易透過對資源、信息、媒體的控制來操縱社會心理與文化，以最大化其利潤與持續的利益占有。這種極權，把人性與人道都「資本化」為單一的利潤考量，僅只為了增加資產階級的財富而已。可以斷言，人類的繼續進化業已面臨最嚴峻的關卡。而唯一要做和能做的，就是重新定義「經濟」的目的，把資本納入有益於人類物種前途的軌道，例如生態、環保、知識等「公共財」的培養，而不是一味收割科技與工業的「利潤」。

中華憑什麼

近代歐洲人，殖民並掠奪非、美、澳、亞洲，如入無人之境，具體憑的是槍炮、病菌、鋼鐵。而最初發明槍炮和鋼鐵的，居然是華人！18世紀起，歐美憑藉科學與資本主義兩大軟實力，取得多方面的話語權和定價權，繼續霸凌全球三百多年。問題是，當下世界：科學已經相當普及，時間沖淡了西方的先發優勢，而資本主義的體制缺陷卻已暴露無疑。

西方憑什麼、中國憑什麼、羅馬憑什麼……，是不能脫離時空上的歷史現實去談的。歷史數據也顯示：人類的階級與權利制度很早就在集群為城邦王朝的文明過程中發力，

5-6千年前的城邦世界都已開始（王權、神權、金權）的演化、且迅速兼併為多城邦、多族群的中央集權的帝國。這個各地都一樣的歷史過程，充分顯示人類共同的「人性」，各地國家的王權很早就超越神權與金權，帝王成為權利階級之首，即使是「元老院與羅馬公民」的城邦建制，羅馬也還是需要一個元首：凱撒（**凱撒**一詞後來即**皇帝**的代名詞）。這樣一個中央集權以增進管治效率的體制，人類一直用到現在，稱呼首領為王、帝、總統、主席，並沒分別。

　　對東亞中華文明而言，王權一統的體制業已存在了二千多年，而王權是跟知識分子階級共治天下的，但政治話語常常不接地氣：占比80+%的農民大眾及其農村，長期跟城市、國家、時代脫節。這裡，一個歷史數據被嚴重輕忽：**從戰國時代起，華文化早已打造出近代資本主義難以想像的、理想的自由市場基礎：小農經濟，億萬個人人為己的小私有田產者。事實上，沒有近代「經濟」功力的、太「早熟」的中國一直是「自由經濟」的試煉場，王權（政府）僅只看到小農經濟的稅役好處，管治上意識不到、阻擋不了資本對土地或產業的兼併。**反過來說，現代科學的「經濟」功力被資產階級統了去，財富集中之下的資本，還哪來的「自由經濟」？這樣的矛盾，在東、西方的人史中，早已展現，這是人類自己的階級與權利的人文套套，資產階級只是比從前的王權貴族更極權專利罷了。

從大歷史的角度看人類社會的進化，公利要**集權**好辦事、私利則要**極權**貪多，集權vs極權的矛盾，始終沒有體制性的均衡辦法。不論封建王朝的政權還是資產階級的財富，傳給子嗣的「習慣法」業已施行了五千年，人道並未獲得什麼長進：八九成的基層民眾依然只是勉以糊口為生而已。

這樣子來看近代西方憑什麼，科學與科學方法的關鍵性便突出了，這個智人之智的量子飛躍，不能通過基因直接遺傳到後代大腦，人人都得自己學會，至少怎麼用是一定學得會的，就生物學上的「人」物種而言，自然、公平。而歐美資產階級的利潤掛帥的資本主義，神聖化私產的占有與繼承，反而是人性的毒藥，世世代代的絕大部分人都跨越不了人類權利階級的鴻溝，就生物學上的**人**而言，不自然、也不公平。

用同樣準則來看中國憑什麼，近代歐美做不好或做不了的，就是中國憑什麼的重點。歷史有許多偶然性與必然性，地緣與人文的偶合並不能保證時空上的人群文化都可以存在至今，消逝的印度河哈拉帕文化、瑪雅的佩騰文化、柬埔寨的吳哥窟文化……都是著名案例。在僅有10%可耕地的中國，早期中華文明與「萬邦」之間的競爭當然存在，但就先秦的記述來說，秦王朝一統中國之前，黃河流域夏商周與長江流域楚巴蜀之間的地緣，文化和經濟的互動交融進行了數

千年，「華文化」就在這樣地狹人稠的境況中、集群與集智的磨合結果，靠人多好辦事（較易出現菁英），綿延數千年而不絕。

18世紀之前，中國技藝長期冠全球，但沒有科學，人多的群與智效應發揮，累代的工匠們已可憑重複辯證的經驗提供高超的技藝。11世紀之前，中國也沒有資本主義或工業化，但手工商貿易流通的便捷度已經冠全球，這其實是**人性**的智慧、創造力……使然。跟小農經濟類似，二、三千年前的華文化當然沒有科學、經濟等數理工具與方法學，但可以倚賴眾人的經驗和智慧，沒有鐵釘或鋼梁，那就用榫卯和拱門結構來營造大型工程唄。在政權、神權、金權的演化過程中，華人的**組織體制**，政治集中在王權，神權褪祛，經濟則以廣大自耕農為主、聽任商貿發展，這調動了人的積極因素，使中華社會存續數千年至今，包括中醫，以大事小或以小事大的實踐，以及**五次外族**的入侵、融混、擴容。中華憑什麼？憑華文化的包容與體制！**傳統王朝反應速度慢，現代共黨專政，但組織比家天下的王朝強得多，反應速度不慢，也比表面上數個政黨更有長期規劃。事務上集權（這是民營公司的最強項），利益上不極權（比代理資產階級極權專利的數個政黨官僚輪流坐莊 A 錢好得多）。所以現代西方體制的政經社話語權，都攻擊、抹黑華文化和伊斯蘭文化。**

智人之**智**其實分為可運算的**智能**與不可運算的**智慧**。每

個人的（腦／心）韌體的**心智和心理**裡頭，儘管經過教化的洗腦，但文化習性的複製遠不如生化基因那麼固定，加上（腦／心）裡頭的**自我**都是獨特的，使得人際之間的通達像似藝術，沒有可資運算的算法或邏輯程式。演化只有目的，沒有算法，智人之「智慧」的演化功能之一是集群用的。而「智能」則是開發可以邏輯化的、可運算的技能的**算法**用的。從這個角度，科學方法是最高超的「人工智能」，但科學的發現（例如，數學、物理、演化等等）則需要智慧，這是人類物種理解外在世界客觀規律的智人之**智**。

三百年來，全球人群面對資本主義和近代歐美西方霸權，只有毛澤東走對了路：每個族群的問題，如人飲水、冷暖自知，只能自己解決；要操之在我、自決，只能你幹你的，我幹我的……，人若犯我，我必犯人！「對等」之下自然就自由、民主、公平了。**天然的人性是：資產階級與貴族階級當然會有繼續不勞而獲權與利的慾望，平民百姓當然也會有不交稅給權利階級的慾望！普世價值**只能是**最多數人的最大幸福**，以及**個人自由**的均衡，且看什麼**體制**能做到！

歷史告訴人們：若非人群社會的教化，無論什麼人都產生不了文化、知識，更別提階級、權、利那些事。沒有任何人天生可以「專利」任何事物，11世紀才存在的「英國人」沒有**英語或英文**的專利，西元前2世紀才存在的「漢人」也沒有**華語或華文**的專利。時空裡的英國人與中國人的定義不

斷在變，人嘛，語文或科學，學了就會。人史上權利階級的**專利**伎倆是一樣的，政治權利階級（王族、貴族、官僚等）、經濟權利階級（工匠、商人、資產階級等）、社會權利階級（醫生、學術、教育等），各自的「專利」領域衍生了獨特的「生態」，例如，貴族或行業或學術等階級的小群門檻，以特殊的術語和規矩，最大限度減少可以入門來爭權奪利的人數，以至於像現代會計和法律的規則，都不是一般平民百姓能看懂的。

　　未來可持續發展的「人性」，首先要建立「**包容**」和「**透明**」的文化，才可降低內鬥、和平共存。其次讓公共財回歸人類物種所有（包括知識、自然資源等），而不是個人或法人占有，並落實大眾的「知權」（知情權）。信息流通不受政府、機構、國家的阻攔，才談得上起碼的「人道」社會：自由、民主、平等、公義。

　　現代人已可從歷史經驗看到，人群的階級與權利制度所形成的文化習性對「人性」的真確影響。大規模集群之後的人類，進化為政經社動物、心理動物、慾望動物，才會有人「發瘋」。大自然的動物，除非腦神經病變，無論群居的還是獨居的，都不會**發瘋**。現代大都會的城市人，孤獨、憂鬱、狂躁，比比皆是，人類要繼續進化，更「**人道**」的階級與權利體制是必需的。西方憑什麼，得憑這個！中華憑什麼，也憑這個！

◆

　　現代人知道歷史記述並不完備，也知道語言文字對（腦
／心）的奇特作用：無論一個人群花了多少世代來開發語
文，類似幼兒從白紙一樣開始，光是「約定成俗」的**語意**溝
通便不簡單，發明了許多意思近似的詞，用這個詞來解釋那
個詞，釋來釋去，狗咬狗尾巴團團轉，最終人際的（腦／
心）怎麼「通」起來的，迄無定論，而溝通的瑕疵難免。這
是個不容忘卻的「人間的條件」，跟時空、環境、路徑同樣
重要。溝通不暢，無緣，是經常發生的事件。人史的狀況類
似，雖然是數據庫，理解與詮釋難得一致。

　　所以，熟讀人史，洞察人情世故，未必就立可應對，畢
竟要通的對象可能是陌生的新興外族，以及自己全然不習慣
的境況。這就是未來人類成為**星際人**的條件。現在華人 vs
歐美人的處境是小兒科的了，當下西方歐美也並不了解華文
化。

　　當代西方的「法理」，對任何族群而言，都沒有意義。
史實證明：歐美可以今天跟你簽開羅宣言、波茨坦宣言，明
天就私下再簽雅爾達密約把你分屍。這哪是什麼「法理」？
就是霸權遊戲規則的話語罷了，跟國、共、兩岸沒啥關係。
2016之前，華人根本談不上「自主權」；鴉片戰爭110年
後，共和國在韓戰打平美國，這只是必須站起來的第一個起

碼動作。過去 30 年，大陸做到產業鏈近乎完整，真的就此「自主」了嗎？看看當下全球現狀吧。

　　出土不太久的戰國時代中山國（在晉冀之間的白狄邦國，當時名列中華戰國十雄）王鼎的銘文：**毋富而驕　毋眾而囂　鄰邦難親　仇人在旁**，真被華文化的早熟驚到：生於憂患 死於安樂。華人的安全出口依然在「華文化」上！西方歐美（交易／掠奪）的文化習性下，其戰士階級零和遊戲思維、迄未看明白文士階級的華文化。西方這方面的省思，薩克森 Sachs 也許最深刻，真正值得諾貝爾和平獎。只有掠奪、戰爭、血腥、貪婪的歐美史主軸，西方除了從歷史中積壓罪惡感、邊行惡邊禱告之外，又能學到什麼「人道」的教訓呢？

CHAPTER 5

大自然
是有道理的

　　地球上的大自然像個閉環系統，裡頭演化出狼群和人群的共同特徵，階級與權利制度，從這裡談起、講完人類的歷史經驗，結論是人類需要憑更人道的階級與權利體制來繼續進化，但是，一、大自然才不管人類物種會怎樣理解、詮釋發生在這宇宙裡的事，就算跟真相完全一致，信息反正只能在人際間溝通、傳遞，無法跨物種交流，所有疑問，最終等於問人類自己。二、拾獵時代的人類本能，餓了就去找吃的，睏了就睡，不會庫存食物，活在飢餓本能的驅使下。但智人之智是跟著人腦一起演化的，由此上溯到最早的單細胞生物，它們沒有腦，又怎麼適應環境而生存的呢？這一問，還就只能從零說起，不然總碰到**這個茬是從哪裡冒出來**的疑問。

　　一切的發生與存在，自有發生與存在的緣由，華人稱之

為**道**dao，印度人稱之為**業**或**因緣**karma，西方人稱之為**神**的旨意。18世紀之後的現代人大多稱之為**科學**science。這些**理解**與**詮釋**，都是「**人性**」最實在的展現，也只有智人物種會對內在與外在的世界無比好奇。

前面章節描繪了「人」的輪廓，特別是華人跟歐美人的歷史經驗，都是在地理、氣候、演化、本能等自然條件下的大同小異，並且美洲人、非洲人、歐洲人、亞洲人……之間，始終是可以通婚生育的同個物種。為什麼是這樣，演化嘛，只能直面大自然去探索了。

現代科學能夠確證的基本**知識**是：人類身在其中的大自然只有**數學**與**物理**的**遊戲規則**，不合遊戲規則的事物根本不會存在。**宇宙**不過是**時**、**空**、**質**、**能**的動態組合，而時間一味流向未來，變化是這個大自然的特徵，但衍生出**能量**、**動量**、**信息**不滅等自然現象。這就是人類**知識**的綱領了，所有的應用都從這裡引申，比如，中、西醫需要不同的**信息**，信息、數據明確，實踐和研究就相對清晰。

1. 現代人認知到的這個**宇宙**是：4種物理「力」把62種「粒子」組成118種「原子」。原子們只要合乎數理規則，就能組成不計其數的「分子」或「凝聚態物質condensed matter」。但微觀世界服從波動式的量子物理、宏觀世界則服從顆粒式的古典物理。

尚未能充分認知的黑能量、黑物質、宇宙「奇點」等等，暫時只能是人類好奇心的探索之資。大自然為啥只用了百來種粒子與原子就演繹出偌大的這宇宙？不知道，答案也許就在微觀vs宏觀世界的大撕裂裡。

2. 現代人認知到的**生命**世界是：地球生物的DNA基材，不過是4種基因「信息碼」GCTA鹼基分子的數量與排列組合，每3個信息碼的排列組合只對應20種氨基酸的其中1種，遊戲規則是：「精準複製」，但複製從不出錯的DNA卻衍生出非常多樣的生命現象！大自然存在許多種信息碼與氨基酸，為啥就用了這4種信息碼與20種氨基酸來演繹地球生命？不知道，答案也許就在精準複製vs生命多樣的矛盾裡。

3. **宏觀**是**微觀**集成的，少不了數量級、概率、統計、信息、大數據……，這些都是大自然的數理規則，包括納許的博弈數論。而複雜到必須問樓上的那位才可理解的，答案常常就是**信仰**，包括科學本身。但，科學或哲學的探討一定離不開真實的知識，比如：天下沒有白吃的午餐、「信息」的概念等等。

　　現代人知道，地球只是宇宙裡的微小組份，人類也只是生命世界裡的微小組份。但人類物種自稱「萬物之靈」，智人之智顯然是人類具備的某種進化優勢，不然，智慧動物還不少，猩猿之智、狼之智、象之智、鯨豚之智、章魚之智……，怎麼就只有智人之智能夠進化到知曉宇宙的存在、並給出人類的理解和詮釋？

　　讓現代人驚訝的是，聚落與城邦所代表的「農業文明」是在5500年前幾乎同時段在環地中海、黃河與長江流域等地區遍地開花的。「同時段」意指前後百年數量級的跨度。宇宙論也是在2500年前同時段在希臘（自然哲學）、印度（佛教）、中國（「老子」一書，即《道德經》）被記載的事項。更讓現代人目瞪口呆的是，古希臘哲人的具體論述大都已被否定，但他們的思維方法被羅馬人繼承了下來，並被近代歐洲人發揚光大爲「科學」。而現代量子物理學演繹的宇宙觀竟然跟「老子」描繪的意象差不多！現代物理學和「老子」都想像「**大自然**」是**無中生有**地展開了我們存在於其中的這個「**宇宙**」！

　　既然如此，也沒有更好的模型，那就看看大自然之網怎麼構建了我們的存在唄。首先，時空質能，是可以量測的東東，無非時間一味向前、永不後退，所以宇宙生來就不對稱，是動態而演變的，存在也是。並且，除了物質，時、空、能都不是可以摸得著的東東，老子把它們歸爲「無」的

範疇，這無妨，因爲時空質能在老子和現代物理都是整合成有機的一體、無以分割的「有無相生」的存在。從物理的角度，萬事萬物、DNA硬體、**本能**軟體……的存在，都不過是時空質能的組合嘛。而從意識與認知的角度，人能夠認知的事物都是腦神經系統產生的**心理意象**。但人也無從認知不存在的東西。

就現代人能夠確認的事物而言，跟**時、空、質、能**一樣，存在、不可疏離、而又無可溯源的，首推**數學**與**物理**，它們像似「天條」般地自然而然。算術、幾何、拓樸等數學，基本粒子、原子、分子、聲光化電等物理，這些一直就存在於大自然裡頭，無非生命要進化到人類積累足夠的智慧，方才能夠**發現**大自然是以數學與物理之網來構建萬事萬物的。我們不知道爲什麼大自然是這樣的遊戲規則，但我們知道這個宇宙裡不存在任何違反數理規則的東東：物理方程式都有其對應的數學表達，並且能量不滅、時間不會倒流等等。

宇宙

牛頓發現了**萬有引力**的方程式，比如，行星必須圍繞太陽旋轉，才不會掉進太陽裡去，同樣地，月亮與衛星也必須圍繞地球轉，才不會掉落地球，而旋轉的速度就要看它們的

動能與**動量**了。此後，人類陸續**發現**了**電荷**相關的**電磁力**、**原子核**相關的**強力**與**弱力**，這些可以量測、實證的物理**力**，也規範了時空質能之間的關係。比如，電磁力使得帶正電的**質子**吸住了帶負電的**電子**圍著它穩定地轉圈，成爲氫原子，情況跟太陽透過萬有引力使得地球圍著她轉圈那樣，但氫原子還不到奈米大小、而電磁力遠比萬有引力大，因此，電子轉圈的轉速極快，就是「電子雲」的概念。但又**發現**微米以下的世界是**量子物理**的、非連續的世界，所以，原子裡的電子轉圈軌道並不能隨意、是一個個特定大小的「量子」。而愛因斯坦**發現** $E=mc^2$，通過**相對論**把**物質與能量等同**了起來；現代天文觀測數據則**發現**了**時空連續體**是宇宙從一個「原點」「大爆炸」而展開的，近來還觀測到了質量對時空連續體的扭曲作用。種種發現，都是大自然本有的，並非人類創新的東東。原點、大爆炸只是現代人的推理，科學上並無法證明。

　　大自然之網極其嚴格，**物理和數學規則**之外，**數字**（量子的能階是有數值的）與**數量級**也在大自然統合的範圍之內。無論微觀或宏觀，**時空質能並不自由，只在它們的運動或變化之中，我們方才感知它們的存在**。由於時間只向前奔逝，現代人**認為**，我們所在的這個宇宙是從140億年前大自然的一個「奇點」爆炸開來的。這個無中生有的時空源起模型，導致奇點**不可理喻**。在我們尙不清楚的宇宙之初的極其

微小狀態下，大自然的**4種物理力**把時空質能組裝成**62種
基本粒子**，然後基本粒子們又組裝成**118種原子**，這符合量
子物理對微觀世界的描繪。原子不帶電，像似個磁力並不強
的微小磁鐵，使得原子們在能量相對低的環境下很容易就可
以組裝出**各種各類的分子**。大自然裡的一切硬體與軟體現象
的物質基礎，就是磚塊似的基本粒子、原子、分子，它們構
建成小到DNA、細胞、生物，大到恆星、黑洞、星系，萬
事萬物就這麼展現出來。

　　量子物理學對微觀世界的表述是波動方程式的，換言
之，逼近奇點到一個程度之內，時空質能就不是連續的，而
是量子式的分立存在。這個微觀與宏觀的物理規則的撕裂，
使得人類甚至難以形容宇宙源點是什麼樣的存在與狀態。微
觀與宏觀現象的相對數量級落差極大，而同類原子或分子的
巨量聚集體，令人領略了**凝聚態物理**：不同能量狀態下的巨
量物質，可以展現氣態、液態、固態三個「相」phase，並
且不同**晶相**下的聚集體，其宏觀特性可以很不同於其微觀特
性。某些化合物分子，以及碳、矽、氫等原子的晶體凝聚
態，分別展現**半導體**或**超導**特性，充分說明巨量的物質似乎
也展現奇特的「群性」，大不同於其原有的「個性」。

　　愛因斯坦生前努力想用一個數理方程式將萬有引力、電
磁力、強力、弱力總攝為**統一場論**，時空起皺褶的地方就是
物質所在之處。後來，**楊振寧**與**米爾斯**完成了**規範統一場**

論，成功地把強力、弱力、電磁力統合在一個公式裡。數學解釋了它們的展現方式：某種微分幾何裡的「叢」空間（陳省身是微分幾何這方面的泰斗）。人們迄未能拓展規範統一場論為涵蓋萬有引力的統一場論，近年來偵測到引力波的存在，算是又邁進了一步，因為有引力波就有「引力子」的量子存在。統一場論與量子物理依然難以整合，人類的智慧一時還無法完全理解大自然之網，這當然不是大自然的問題。

　　人類對數字和數學的覺知很早，做為存在於大自然的規律，早期人類能夠掌握一點算術竅門的，就是那時懂「法術」的、「通天地」的巫師或智者了。現代人陸續發現了宇宙裡的**隱祕的秩序**，各種算術、代數、幾何、微積分，乃至張量、拓撲、維數空間等等。大自然本來就存在這些數學規律，人類只不過慢慢才積累足夠的知識與智慧去發現這些隱祕的秩序。其中不乏啟發思維、改變認知的發現，比如，「傅立葉轉換」可以把整數「1」，表現為無限多個波動函數的總和，這可以勾連到的物理意義驚人：在宏觀的世界裡，人們感覺到的存在，大多是可以扳指頭1、2、3、4……數一數的整數的東西，而在微觀的世界裡，量子似的存在卻只能以波動方程式來表述，傅立葉轉換正是量子物理的寫照。

　　至於大自然的時、空、質、能的本體怎麼來的？目前

是人類的未解之謎。事實上，E=mc^{2}把時空質能捆綁在一起了，它們之間渾然一體，相互影響、依存，只是因為相對的運動（愛因斯坦的相對論嘛），人們才可以感知到時、空、質、能的分別存在。宇宙居然是從那個絕對的「靜」的**奇點**炸出來的，而一旦存在，時空質能就從來都是動態地展開，這個宇宙裡所有的**存在**都是**動態**的存在，時間永不止歇地向未來奔逝。那4種基本的物理「**力**」不過彰顯了動態的時空質能之間的關係，物之理嘛。基本粒子像似裝載時空質能的單元，原子又像似裝載基本粒子的稍大單元，分子則是裝載原子的更大單元。「力」交代了這些單元之間的作用與關聯。

這裡的重點不在於數學或物理本身的專業學問，新發現與新陳述還會不斷增加。現代物理學家與數學家除了提供日益增加的數據與知識之外，也觸摸到了大自然最根本的祕密：**宇宙的遊戲規則，物理跟數學是密不可分的**。近年來對更細微的基本粒子的研究，物理學者們提出「弦」理論的概念，數學者們迅速回應：認為不是7維便是11維的某種空間！總之，人類的認知是隨著知識的積累與人際溝通工具的便捷而明顯加速進化的。

好了，足夠多的科普了。而大自然的另一個特徵還需著墨：大自然似乎具備無限多的質能，這又是個什麼狀況？

量子物理儘管具有描述上的不確定性，但全然不隨意：

可以穩定存在的、合乎物理規律的、做爲物質基礎單元的基本粒子與原子，人類迄今也不過分別辨識出62種與118種。宇宙各種原子的豐量隨宇宙年齡而變化，因爲倚賴恆星內殼核聚變的製造，並且要靠星星死後才噴灑出去，越大越重的原子的豐量（金、鉑等），即便在當下的宇宙也是天然稀缺的「貴金屬」，而最輕、最簡單的氫原子則遍布宇宙。然而，各種原子可以組合出來的分子種類卻是近乎無窮的，無限無涯的宇宙有足夠的**數量級**讓各種可能性發生。光是地球上的物質的種類及其數量，包括從古至今的生物分子、人爲製作的化學品、地球本身原有的物理與化學組成，就足以說明這個狀況：大自然存在極大數量級的、巨量至超乎想像的原子與分子數目，怎麼來的呢？宇宙浩瀚的時空連續體是從奇點炸開來的，任何時空點的宇宙都具備「無限大」的質能麼？

地球的存在本身就相當稀罕，承載生命現象的地球更稀罕；可是，銀河系有千億數量級的太陽似的恆星，宇宙更有千億數量級的銀河系似的星系，即便銀河裡出現類似地球的行星的概率很低，就說是百億分之一吧，也表示銀河系就可能有數十個地球似的行星或衛星，宇宙更可能有萬億個以上。這大大超出人們的想像，連怎麼去證實也無法想像，但合理化了大自然的無奇不有，包括對外星人的想像。

在實存的宇宙裡，地球直徑約10^7米，裝得下10^{51}數量

級的原子，相對於原子，地球只能以「無限大」來形容。宇宙，從星星的數目推算，是約 10^{75} 以上數量級的原子數目。數量級的背後，萬事萬物依然遵從物理規則，動態演變。無論如何，宇宙的質能或許不是數學上的無限（類似1除以0那樣的東東），而是物理上的有限、但極其巨量的數量級（類似1除以逼近於0而不等於0那樣的東東）。

科學是現代人的認知方法學，對事物進行固定邊界條件下的重複實驗，在測試流程與量測方式都不變的情況下，對實驗結果進行驗證與統計，各種誤差是很自然的。現代人相信足夠多的量測統計終將弭平誤差、逼近真相。不過，人類顯然無法一一驗證。即便如此，迄今為止，科學方法仍然是人類智慧的最佳展現。

物理與**數學**都是大自然的**隱祕的秩序**，構建出萬事萬物。所以，**不管喜不喜歡，現代人都得學一點數、理、化、科普，感受一下大自然遊戲規則的作用**。舉個例，都知道**薛丁格**量子波動方程式的厲害，可以精準地解答疊加兩個粒子的問題，但疊加三個在一起，就難為了數學，無解，必須用繁複的計算求取數字的解。這也是為什麼化學研究，做實驗最有效，死搞物理模型的解是不靈的，即使「理論上正確」。晶體或流體物理的研究，也是這樣的。引申到以「人」做為單元的政經社或心理研究，更是如此，**理論上正確**沒用，實踐是檢驗真理的唯一標準。

現實地說，**數量**大大增加了複雜度，猶如現代網路系統，介入的個體一多便使得系統顯得無比複雜。打個比方，籃球賽事的規則並不多，甄選球員的規矩與條件，像似只能從粒子與原子裡挑，但可以組隊的球員非常多，參賽的球隊也很多，每場比賽都有球員們臨場互動、加上其他的隨機因素，球賽的結果就很難捉摸了。**數量級**，保障了事物發生的多樣性，時不時令人跌破眼鏡。這裡用到的數學，不是解方程式的數學，而是統計、概率、排列組合的數學了。好比丟骰子，不停地丟下去，所有可能的排列組合都會出現，並且出現的次數統計會近於其在數學上的**概率**。大自然的偶然與必然，並不是隨意的。

搭建並演繹偌大的這個宇宙，就只是4種力、62種基本粒子、118種原子，但光是地球上的生物與非生物的化學分子種類，就已數不勝數。大多數人都不是專家，但已知的數據與陳述已足可令人感受到大自然數理遊戲規則之奧妙（比如，能量趨於無用與無序化、「熵」值越來越大，類似時間一直往前奔那樣。熵值也跟「信息量」相關），數量級與概率之契合（比如，多樣性），時空質能之動態（比如，宇宙胚胎期間捆綁了正負電荷，中和了電性），使得宇宙演化成如今的模樣。

不能漏掉關於原子或分子的巨量聚集現象，大到星團、黑洞，小到細胞、DNA，只要環境條件合適，事物就可以

那樣發生、存在。比如，恆星崩塌時的超緻密核芯、被超高引力把原子裡的電子都壓進核子裡、成爲了中子星等等。日光之下，眞沒啥子新鮮事，以宇宙時空質能之浩瀚，只要合規而可能的，幾乎一定會發生。同類原子或分子的凝聚態是「**自組裝**」的，周邊的同類原子或分子會往晶種裡按序抱團，條件是環境能量合適。所以，人爲地長任何晶體都是高科技，因爲需要嚴格控制環境條件。而由於跟生物化學的能量範圍合拍，大約37億年前，地球環境自然地生成了巨量的「**生質**」（鹼基分子、氨基酸、蛋白質等生命相關的生化物質），它們自然地組合出可以「**自我複製**」的單細胞生物，巨量聚集的單細胞們則開始了地球生命世界的演化歷程。

　　總之，大自然只認**規則**和**數量**，物理規範了粒子、原子、分子之間的相互作用與形成，它們巨量聚集時跟環境條件的互動則展現了它們「集群」的性狀。遊戲規則至簡，而數量至多。從遊戲規則出發，宇宙只存在爲數不多的粒子與原子種類，而目前人們並不清楚宇宙究竟可以存在多少種分子。現代人理解的大自然多樣性，大多是在分子以上的集群裡宏觀地表現出來的，地球的生命現象便是其中之一。現代人已經深刻體驗到大自然的數量級現象。

　　這樣形象化的物理模型，至少相當接近目前人類能夠認知到的宇宙眞相了。大自然的遊戲規則以及宇宙的道理，並

不難理解。我們可以記不住或不會演算數理方程式，但我們需要記住宇宙的故事，因為地球上的**生命**與**人類**都是這個宇宙裡**演化**出來的，現實地說，**生命**與**人類**都是有機分子們與原子們組合成的現象。

奇點、數理遊戲規則、「無限大」的時空質能，都像似「無因之因」，確實不好理解。但如果有個超自然的設計，目的是什麼？生命實驗？智慧遊戲？無法想像，似乎合理，但其實不合理，因為可以設計這個大自然或宇宙的，早就知道答案，毋需實驗。我們存在於其中的宇宙可能是自然而然的，不是設計的而是演化成這樣的。人類目前認為宇宙將繼續膨脹下去，星星們的生老病死仍將繼續。

信息與生命

非生物是宇宙絕大部分物質的存在形式，而主要是**有機大分子**構成的**生物**則是宇宙的特殊現象。非生物的存在沒有目的性，時、空、質、能、基本粒子、原子、分子，存在就存在了；數理規則使得有機大分子可以在類似地球的環境裡發生，如此而已。這說不上是宇宙的目的，渺小的地球只是恰好存在在這裡罷了。

生命是個有目的的存在。生物會**主動**覓食，**適存**（適應

環境而生存），並**繁殖**以延續族群。生命唯一的目的便是**複製自己**，實際就是從**環境**裡尋找、利用資源，達到複製生命體的目的。

原子像似微小的磁鐵，兩極的磁力雖弱，但在能量溫和的環境裡，碳氫氧們很容易化合成**有機分子**們，有機分子們也很容易鏈接重原子並抱團結成**有機大分子**。在富含水（氫氧化物）與眾多重元素的地球上，可以天然合成許多種類的生命必需的**生質**（生化物質）：氨基酸、酯類、蛋白質、鹼基分子、醣等有機大分子。在原子與分子的層面，生物不過就是生質材料與水的集成，它們如何組裝出一套控制程式來自動地適存、繁殖、複製，從而成為「生命」的？這裡，適存與複製是關聯的，不適存的複製也沒用，因為很快就會滅絕。生物是必須適應環境的，環境變化了，生命也隨之變化，在時空上的表現便是「**天擇**」。但一味複製自己的生物，又怎麼形成「**多樣化**」的生命世界？

生物要**適存**，就得接收的到環境裡的**信息**，而在大自然的動態演變中，事物總會留下些蛛絲馬跡的聲光化電等的變化，變化之下的對比，就存在著可資辨識的**訊號**或**信息**。生命必須感應到周邊環境的信息，以便捕食或逃避。而生命要**繁殖、複製自己**，**遺傳信息**的忠實傳遞成為重中之重，貫穿其中的載體便是「基因」**信息碼**。信息、數據，都是人為的詞，但，**信息**的重要性顯然貫穿了生命的全過程。大自然在

地球上花了10億年數量級時間來從無到有地演化出**單細胞生命**，「演化」，也是人爲的詞，實際是形容大自然的**生命工程**的試煉，而**演化**的主軸都是**信息工程**相關的：

1. 物種爲確保親代的性狀精準地傳遞給子代，DNA精準複製是必須的，但又要在多變的環境裡適存，遺傳與基因系統只好演化出多樣的選擇性，最終使得生命世界充滿了各種生物。

2. 生物必須迅速感知環境信息以便適應而存續，這推動了**感覺和神經系統**的演化，不斷優化對環境信息的獲取、處理、應對。

3. 複雜化只是自然演化的路徑之一，從單細胞的菌藻類到萬億細胞組成的「高等」動植物，生命世界無奇不有，不見得非**進化**到具備神經感知系統不可。智人之智只是演化的獨特案例。

在地球環境中，天然合成的鹼基分子種類很多，天然合成的氨基酸種類更高達三百多種，但大自然僅只用了其中的**4種鹼基分子**G、C、A、T做爲**信息碼**的素材，並且也僅只用了其中的**20種氨基酸**做爲可編碼的生命平臺。大自然並沒「預設」地球環境來特意製造生命現象，這樣的「**天擇**」是大自然長期「**演化**」的試煉結果。比如，每三個信息碼

可編碼64個氨基酸，但只用到20個，信息碼序列是有富餘的，隱含大自然的保險性與多樣性。

　　物理規則使得（G、C、A、T）鹼基分子像似樂高玩具，它們的橫向端口很容易以任何數目的排列組合連結成長鏈條，但它們的縱向端口則有嚴格的**配對機制**，G對C、A對T，（G、C）（A、T）**兩個鹼基分子對**的縱向端口互補互鎖，像似拉鏈打開後的相互凹凸的單鏈，拉鏈就扣得起來了。這樣的**鹼基分子對**成為天然的**基因信息碼**，因為遺傳信息的傳遞不能失真，精準複製至為關鍵，G只能扣上C，正好相互為複製對方的模版。A也只能扣上T，情況一樣。任何數量與排列組合的G、C、A、T所組成的互相緊扣的雙鏈條，形象類似扣上了的拉鏈，打開拉鏈後的兩個單鏈條便是彼此的精準複製模版。這樣的DNA雙鏈組成的**基因組**，打開拉鏈便可以進行精準的自我複製（繁殖）為兩條一模一樣的基因組。所以，G、C、T、A被大自然天擇了，成為構建所有DNA的素材。

　　但生命另有相當複雜的**生理**程式與機制，倚賴許多種類的**蛋白質**來構建自體運轉所需的體質、酶、荷爾蒙等等，各種蛋白質則是**氨基酸的**（**數目＋排列組合**）高分子聚合體。而**每一個氨基酸都只對應某3個鹼基分子的排列組合**。比

如，ATGCCC序列，只對應先ATG後CCC兩種氨基酸的排列。這樣，DNA單鏈條上的鹼基分子序列及其對應的氨基酸序列，也忠實地表達、傳遞了生命體必須的生理蛋白質的確切**信息**，因為CCCATG所表達的蛋白質是跟ATGCCC不一樣的蛋白質，而不同的蛋白質對不同的生命體可能就是毒藥和營養劑的差別！這解決了生命體的材質與生理機制的獨特性問題。

這實際是「天擇」出來的辦法，因為不好使的、低效的其他辦法，在遼闊時空裡的無數次自然演化試煉中淘汰了、沒留傳下來。「天擇」、「演化」的真諦，大抵如此。

從鹼基分子對到雙鏈DNA、到演化出單細胞生物，是個漫長的演化過程。一開始的DNA雖可精準複製，但誰給提供鹼基分子材料呢？所以，人們想像37億年前的地表是溫暖的、淺淺的海，充斥著各種生質；徜徉在這「生化湯」裡的許多DNA片段，隨機打散、複製、再打散、再複製……。概率使得它們鏈接成長串，集成的片段各自帶來它們利用酯類（細胞膜的材料）、氨基酸、蛋白質（細胞體的材料）等分子的經驗。DNA相對穩定（扣上了的拉鏈嘛），被打開了就複製唄。

RNA是U鹼基分子跟DNA四種鹼基分子（G、C、T、A）混組的單鏈，RNA本身沒有新陳代謝作用，必須依附宿

主，從裂解宿主的DNA達到複製自己的目的，這就是**病毒**的機理。在早期地表環境的生化湯裡，邏輯上，單鏈病毒比穩定的雙鏈DNA更先出現，因為它還可以用上U鹼基，生成單鏈RNA的概率遠大於生成單鏈DNA。並且，RNA還不算是個生命活體，做為非生命體的單鏈鹼基高分子物質，它存在的時間可以遠超生命體的壽命。

無論如何，單鏈的RNA與雙鏈的DNA，其本身都還只是物質而不是「生命」。非生命物質在合適的環境下，比如，碳原子的巨量凝聚，排列可以是規整的六角型平板，展開成為石墨烯；也可以是三維的金字塔型排列，展開成為鑽石。這些物質的聚集或凝聚，都不是複製，環境必須事先存在巨量相同的物質，好讓它們按照物理規則，在環境能量的支持下凝聚。

生物，不一樣。一旦具有**生命**，生物就會**主動**、有序地進行**複製自己**。生命的存在是有目的性的，所有生物都努力地適應環境、生存、繁殖。它們會盡可能地識別環境、覓食、消化、排泄，最終重組物質、複製另個自我。生物的生存和繁殖都需要消耗能量，這合乎物理規則：把無序的東西整理為有序，是要耗能的，天下沒有白吃的午餐。雙鏈DNA可以精準複製出另個雙鏈DNA，但DNA本身還不是個**生物**。單細胞生物是最起碼的生命形式，可以簡單到僅只是：由一個細胞膜包裹住一條雙鏈DNA，加上一些蛋白質

組成的細胞體；但它會感覺、覓食、生存，在合適的時機打開雙鏈DNA、分裂、複製成兩個雙鏈DNA，並且製作出新的細胞膜和細胞體來包裹新增的雙鏈DNA。換言之，繁殖成兩個單細胞生物了。

　　生命現象，無非就是個體的適存，以及種群的繁衍。但覓食、生存、繁殖的機制如何在一條雙鏈DNA上展現呢？最簡單的單細胞生物只有微米級大小，基因組不到100萬個鹼基分子對。而人體則由100萬億個細胞組成，幾乎每個細胞都帶有約30億個鹼基分子對的基因組。人體對比單細胞生物，細胞數目是100萬億比1，鹼基分子對則是30億比100萬。這裡透露了些訊息：連最簡單的單細胞也用到約30萬個氨基酸的排列組合，信息量大大超出單細胞所需的自體蛋白質的種類。

　　微小的單細胞生物，也自有其獨特的生理，比如，體膜、體質、環境偵測、生理時鐘、能量代謝等等。維持這麼個生命系統的生存（覓食、消化、排泄）與繁衍（條件合適時，分裂、繁殖），每個動作都需要某種自體合成的蛋白質來觸發、協作、執行。一些蛋白質後來就演化為複雜的「內分泌」與「外泌體」系統的各種酶、激素等等。單細胞生物DNA上的鹼基分子對，刻錄的是一連串的生理蛋白質所需

的氨基酸排序，及其開關的程式（也是用某種蛋白質來啟動生理反應的時序），通通都必須以**信息碼**的格式謄寫、最終以生成特定的蛋白質的形式執行。怪不得需要百萬個鹼基分子才可完全「表達」出一個單細胞生命的生存與延續。基因組龐大的鹼基分子數量，傳遞的其實是複製它那個生命物種的密碼，記錄著：要生活在什麼環境條件下、怎麼反應、吃些什麼、按時做些什麼……等等信息，實質上，也暗藏著環境條件的信息，因為生物必需適應於環境條件，兩者之間的關係也是對應的。

DNA的忠實複製，意味著子代跟親代完全一樣的組成與生理程式，從這個角度，DNA不僅僅是**記憶器**（傳遞遺傳信息），也是**程式控制器**，雖然並不直接具體操作自體的日常運作，但規範了生理操作的步驟及其運用的蛋白質，嚴格到稍有差錯就意味著自體的終結。基因組，實際是兼具硬、軟體功能的「**韌體**」firmware。不止是繁殖用的、也是生存用的，複製生命的機芯。

但是，一味複製自己的DNA，怎麼會讓生命世界如此多樣化呢？不同的雙鏈DNA基因組，是怎麼出現的？這課題比宇宙起源容易些，DNA的構成不過是4個鹼基信息碼的數量與排列組合。從數學上看，可能發生的基因組雖然無限，但從「演化」的定義，「生命」必須證明一個基因組可以在某個環境條件下適存並繁殖，**多樣性**的存在跟大自然的

動態性密切關聯。許多地球物種在不同地域環境下都產生適應性的變異亞種，它們之間差異化到不能互相交配的時候，實際就是不同的物種了。現代人知道，生命現象是個生化的特例，在這裡，前面談過的大自然的遊戲規則、數量級、統計學通通適用。自然的遊戲規則可以允許誤差或變異，比如，陽光也是一種自然輻射，偶而會引起DNA失序；如果某個DNA小片段恰巧被輻射擊中而有所改變，卻仍可複製下去，就形成突變的基因組。如果突變了的基因組剛好還能夠適存，就會繼續複製並遺傳下去，形成多樣性。

生物是必須適應環境而生存的，然而地球環境做為生物的家園，一直在宏觀地變化中。年、月、日等的時間刻度，隨著地球自轉與公轉速度的改變而改變。陸地板塊，在地下的熔岩之上漂流、碰撞。地表的大氣和海洋的物理與化學境況，都在不斷地變化。地球經歷過漫長的溫暖氣候與冰期的交替，甚至連地磁南北極也顛倒了好幾回⋯⋯。相對於地球這些宏現象，生命現象是很細微的存在，只能隨遇而安、**演化**。物種或適存或滅絕，意味著有些機制使得最早的基因模版發生了可以適存、遺傳下去的變化。

生命世界從單細胞生物，到多細胞生物，到海生、陸生的高等動植物，生物體內的細胞數量多達萬億個，多樣化、

複雜化的演化史非常明顯。複雜化未必等於「進化」，能適存的就是**進化**了的。從適者生存的角度，存在了三十多億年的單細胞生物，藍綠藻，也是最成功的物種之一，基因遍天下。藍綠藻的生存辦法：不求人。自主開發了**葉綠體**，把巨量的自然資源，陽光和二氧化碳，轉化爲自體需要的營養（碳水化合物）並釋出氧氣。藍綠藻種群就此繁殖昌盛，持續爲大氣充氧迄今，創造了微觀的存在積分爲宏觀現象的數量級境況。

　　從化石證據推測，自從37億年前的第一個單細胞生物發生之後，單細胞生物的門類迅速增加（包括最早的「動物」，以划動纖毛來機動的草履蟲，會吞食藍綠藻）。大約15億年之前，最早的**多細胞生物**發生了。現代學者相當確定多細胞生物發生的機理。遠古的地球，生態環境跟今天很不一樣，當時缺氧，水裡存在許多火山口，以及，厭氧菌、甲烷菌，雖然也有許多藍綠藻、吸氧菌。氧，對厭氧菌、甲烷菌而言是毒物，遇氧則死；但對吸氧菌而言則是必需品。吸氧菌是個生物發電機似的能量細胞，**粒線體**細胞的遠祖。可以想像，藍綠藻繁殖的地方，會**共生**許多吸氧菌，它們正好利用藍綠藻排泄出來的氧氣；久而久之，無論是什麼機緣，總之，誘發了共生體出現「細胞融合」，成爲一個多細胞生物了。單細胞各自原來的DNA融合成一條加長了的DNA鏈條，遺傳給後代體內兩種分工明確的功能：葉綠體

和粒線體，成爲動植物世界的演化之源。

多細胞生物的發生，使得自體內的細胞按功能分化、甚至特化，這是生命世界的重要里程碑。尤其是多細胞與多器官之間的的協調，比如，免疫功能的實現，有賴於生命體進化爲自成一系的複雜信息網絡，包括內分泌與外泌體與神經系統的互動、協作。此後，生物的進化加速，出現了細胞核、染色體、多樣化的動植物，自體成爲動輒萬億細胞的集群體，並在5億多年前成功登陸、轉型出各種陸生動植物種。現代人對怎麼打開DNA鏈條的端點以便銜接成更長的DNA鏈條，已經知道得不少（基因工程唄），解答了生物多樣化的一個機理：加長的DNA串串！這是單細胞融合爲多細胞的關鍵機制。

多細胞生物出現後，生命加速演化，時間和地球環境提供了無限多的試煉機會，大自然的遊戲規則之內，總有消除細胞膜壁壘的生化分子存在，演化就那麼發生了，水生物種大大繁盛。DNA的加長本身並沒有意識或方向，只要最終能夠複製自己就行。各個細胞原來的信息條碼只是簡單地整串連接起來，各自原來的生存經驗依然被忠實地刻錄並遺傳。至於功能性的選擇，怎麼反映到遺傳，科學家們刻仍未解：共生要緊密到什麼程度才會誘發細胞融合機制？無論如何，融合後的新生物種，挾生存競爭的優勢，就漸次積澱出屢次物種大爆發的態勢了。此後動植物的適存、分支、演

化，DNA串串越來越長。

多細胞融合時的DNA忠實地刻錄著各自細胞的前代經驗，除共生的誘因功能外，許多信息碼都寂然無用、被開關程式壓制（現代科學家認為，人類基因組長達30億個鹼基分子對，絕大部分我們還不清楚它們到底有什麼作用），但其中不乏共同的記憶，比如，生命初始於水中，遺傳給所有生物的胚胎都需要發生在水裡，植物不用說，陸生動物的卵都自帶一點水分，生動地說明了這一點。又比如，粒線體做為能量細胞，是動植物的必備……，說明遠古時期存在過動植物的共祖，肯定是包含吸氧菌和草履蟲之類的共生體。

而生命世界裡，偶爾的個體「返祖」現象，基因複製程式的瑕疵觸發了不該被啟動的開關，先祖的某些形態，比如，老人頭上長了角、嬰孩全身長了毛髮……等等，彷彿前世今生的時空超越。這些事件，隱隱約約透露了DNA的一些祕密，以及，演化的淵源：**生命世界是同源的，都是最早的單細胞生物的基因組的後代。而且也是同質的，DNA信息碼就那麼4種鹼基分子與20種氨基酸編碼，每一組（數目＋排列組合）的序列就對應了某一種蛋白質，而生物蛋白質的種類多達10萬數量級，這就構成全部地球生命的物質基礎。每種生物的具體蛋白質便是特徵，不同生物的蛋白質也許是其他生物的營養、或者毒物。**

除了U鹼基分子，病毒RNA跟基因DNA使用同樣的四種鹼基分子，所以相當易於跨物種感染，生命同質嘛。生命的多樣化，全在於DNA上鹼基分子的數量及其排列組合的變化，而只要能夠適存、繁殖的就是**生物**。這，便是生命的定義。

因為生物體都需要生質，氨基酸、蛋白質、酯類、澱粉類、糖類等等，需要磷、氮、硫等元素來組成鹼基分子，所以生命世界是個相當閉環運作的細胞聚集體，動物或者吃其他動物、或者吃植物，就是俗語說的「大魚吃小魚，小魚吃蝦，蝦吃泥巴」。這樣來看從單細胞生物開始的生命演化史，就有趣了：比如，剛剛才提到，地球很早就演化出藍綠藻，今天依然存在。它們以葉綠素轉化陽光與二氧化碳為澱粉和糖分並釋出氧氣的光合作用，這個自己製造生質的生存策略很成功，繁殖出巨量的藍綠藻以及綠色植物，迄今持續給大氣充氧了30億年，改變了地球大氣的化學成分。氧氣使得複雜的生物，包括植物、動物崛起，因為有氧呼吸可以給生物提供更多能量。直接能夠利用自然資源的單細胞生物不止藍綠藻，還有固氮菌（吃氮）、海底火山口的嗜熱菌和厭氧菌（它們吃硫化氫）等。後來的「高等」生物，行光合作用的植物，一直可以利用豐沛的陽光與二氧化碳而在有水源的地方獨立自主存活。動物則只能消化現成的生質，也就是其他的動植物。

對生命現象而言，宇宙微塵似的地球，已經足夠宏觀。人類只熟悉地球上的「生化」，而浩瀚的宇宙裡會不會還存在其他不基於碳鏈的分子配對與生理機制，使得全然不同的生命形態可以發生？

大概沒有，我們不知道，也暫時無法想像。而即便在地球，各種生物也只適存於相對的小環境裡，地質事件、氣候變化、含氧量增減都是地球生命無以逾越的大數量級的環境。

以東非稀樹草原為例，大自然當然不是為了大貓才長出羚羊的，也不是為了羚羊才長出綠草的。大貓、羚羊、綠草，各有生存手段；大自然在百、千萬年數量級的「演化」中，使得代復一代的大貓、羚羊、草場，「自然地」達到**納許均衡**，亦即，一個**共生**的生態平衡點；包括這些物種的數量、領地、覓食及生育策略等等，當然也包括獵豹與羚羊的提速。人類的加入改變了遊戲規則，境況變成了人類、大貓、羚羊、草場的共生系統。幸好現代人擁有了解**納許均衡**的知識和智慧，可以估算出均衡各方面的最優化策略及其生態。

約2億年前，大自然在恐龍盛世時演化出哺乳動物，哺乳動物把最大資源投放在護育每胎不多的子代上，親代常常成為子代的犧牲品，結果哺乳動物成為恐龍滅絕後地球最

成功的物種。哺乳動物演化出的生存策略，當然不是爲了
6500年前滅絕恐龍的隕石撞擊地球事件預設的，所有在當
時可以適存的生命方式，哺乳、育幼正好是其中之一，恐龍
滅絕只是剛好提供了更佳機遇，如此而已。

　　生命是具有**目的性**的演化，像似不斷的博弈，需要很
長很長時間的「演化實驗」，超出人類的數量級，人類沒法
做「演化」實驗來證明其「邏輯程式」。不過，大自然並不
吝惜展示她隱祕的秩序。從遼闊的時空上觀察地球的生命現
象，生物適存與延續，有賴於DNA的信息碼功能來展現形
形色色物種的案例與數據。DNA承載的硬體與軟體，不但
定義了生命的存在與多樣，也定義了生命動態演化的偶然與
必然。地球智人，以及，智人之**智**，或許並非這個宇宙裡的
獨特事件。或許吧，我們不知道，我們只知道：我們已經知
道很多、但還不夠多。

　　以上，僅只描繪了生命的意象輪廓，聚焦在了「複製」
上。實際，科學家們還在努力解密怎麼從精準複製的DNA
裡衍生出適存的「多樣性」，比如，大貓科有獅、虎等物
種，它們之間勉可交配出虎獅（雄虎雌獅的後代）或獅虎
（雄獅雌虎的後代），但這些後代之間不能再產生下一代；
類似地，馬科則有馬、驢等物種，它們之間可以交配出馬騾
（雄驢雌馬的後代）或驢騾（雄馬雌驢的後代），但騾也不
能產生後代。這些都還是按遊戲規則出牌的，問題是共祖以

來的分化，使得染色體的基因個數變了。這些分化，如果是長期對環境適應的結果，環境顯然對物種施加影響，這樣的影響與修改怎樣融入DNA的呢？

　　環境對生命如此重要，生存的另一課題，便是前面提過的：生物對外在環境信息的處理與感知能力的進化了。在生命的演化樹上，動物世界的關鍵節點在於脊椎動物的出現，脊椎與腦神經系統的進化，使得對感官信號的處理更集中、迅速、專業、眞確。可以說，生命的演化，尤其是，**生命登陸5億年來的歷史主要就是，感、覺、知，這三方面系統的加速進化的態勢。硬體的表顯是1.5億年來哺乳動物的腦神經系統的拓展，軟體的表顯則是人類意識、智能、心理的形成，哺乳綱靈長目動物的（腦／心）演化便是此中典範。**

　　這一章談大自然，宇宙和生命都是自身之外的事物，非生物占絕大部分的宇宙，人類比較無感，但人類比較可以跟生命世界共情，爲什麼？因爲人身上有著跟一切地球生命同源同質的DNA，「本能」，是個很魔幻的詞，現代科學還未能解釋諸如共情、同情、情感等是怎麼發生的。上一章談人史，不論講華人、西人、什麼人，至少是相關自身的世界的延伸。已經進化成心理動物的現代人類，參考點變換，理解與詮釋的氛圍隨之波動是正常的。

宇宙、生命、歷史，這些時空上的宏觀存在，人或人類都相對太過渺小。這個數量級上的鴻溝難以想像，敬畏之**情**，是人的正常心理反應。這樣，人們就會感激像牛頓那樣發現跨越不同世界的搭橋者們！包括無名的種植者們、工具發明者們、藝文創作者們……。

現代人並不確定人類存在於其中的這個宇宙是不是唯一的、或是人類無法穿越出去的閉環的宇宙，無論如何，當下人類只能接受：一切皆從大自然而來，即使未來會從華人、歐人等族群會進化成地球人、星際人的標籤，成分依然還是那些個種類不多的粒子、原子（元素）、鹼基分子、氨基酸……。簡單說，DNA的生化基因組，以及，（腦／心）的文化基因組。

我們並不確定人類的（腦／心）具體是什麼時候開的竅，演化與進化嘛，有各自的機緣。當下談西方憑什麼、中華憑什麼，僅僅因為我這個小確幸只熟悉這丁點東東！也許不久後，人為意志不能轉移的納許均衡自然地發揮了作用，這些就都不是回事。現代人一定會繼續努力求真地解釋、詮釋大自然，這是人類目前所知的唯一進化路徑。

CHAPTER 6

政經社的
現實

　　「歷史」總是倖存的當權者主觀的記述，難免各式各樣的「迷思」，比如，沒有文字的遊牧部落只好任由有文字的農業邦國說去，但當下歐人與華人的血緣與文化的組份中，特定遊牧族群的占比相當高，這數據本身就訴說著分支與融合的真實歷史。又比如，當下的臺灣課綱與文宣，「去中國化」是配合美國的首要政治任務，不幸，英文辭彙裡的「中華」和「中國」是同個字，去中國化就變成了「去中華化」，**仇中跟反華畫上等號**。偏偏閩南語是文雅到家的古中原河洛語，用字直接取自傳統華文化的《尚書》、《詩經》之類，以致於課綱的閩南語教本錯字連篇。諸如此類的自相矛盾和迷思，只能怪政客和官僚的政治慾望跟他們的知識太不匹配。

　　現代人不無尷尬地發現，「知識」也常跟人類開玩笑。比如，相對論告訴人們：時空不是平直的，光線會走彎路。

腦神經學則告訴人們：意識、認知、思想、慾望的形成是每個人獨一無二的體驗歷程的結果，所以人人的心理都不同。幸好，基因雖不遺傳現成的**語言**給我們，但遺傳給我們**學習**的本能，人際之間才得以透過語言「溝通」，並確定所表達的信息或「意思」就是所接收到的。

集群爲生的人類是自然**演化**出來的物種，包括**集群**在內的許多**本能**只能以DNA表述並遺傳，演化上的**人性**就是：大腦、直立行走、長長的幼稚期、哭笑傳情、開發並學習語言文字、情緒的感染、階級與權利的社會性……等等本能的集成。其中許多項，別的物種也具備，沒有人類那麼突出罷了。

在階級與權利的本能驅動下，規模集群的人類**政經社體**制是演化出來的產物，可說是天擇的辦法，但政策及其施行都是人爲的，總有人說「好」、也總有人說「不好」，結果就要看原來的目的是什麼。**政治**活動本來是爲了管治人群，維持集體秩序。**經濟**活動本來是爲了分工與分配，維持集體生計。**社會**活動本來是爲了交流與教化，維持集體的文化、認同。這些具體活動透過階級與權利的驅使，自然地把人類兜成一群一群的，納許均衡把能夠適存、延續的群，天擇地留存了下來，並繼續演化至今。所以，現代人類具備相當雷同的軟體特徵，諸如道德、倫理、歷史軌跡、政經社體制等。這並不奇怪，運用「不好」的軟體規則的群體會被自然

淘汰。例如，兩個同樣數量的群，某群的一個規矩造成其存續比沒有這規矩的群每代少1%增長率，假設15年一代，1萬年後這群的數量會只是別個群的數量的千分之一。進化，是指數式的、以世代為單位的、相對長期的現象，但最終會自然展現出來。

人類曾長期以牛的骨粉等攪進餵牛的飼料，等於牛群長期以同類為食，引發「瘋牛病」症候，而能夠存續下來的牛隻，體內產生並遺傳了抗體。不少現代人的基因組發現類似的抗體，顯示人類曾經有過同類相食的歷史。然而，不吃人、不亂倫的禁忌，並非人類有意識的道德或倫理的人擇，而是天擇：沒有抗體的牛自然滅絕了。近親繁殖也會導致後代孱弱而自然滅絕，天擇與人擇的巧合，在此異常合拍。但政經社體制裡頭還有太多人們有意識的、階級與權利的互動和目的，推動著人史的「進化」與迷思。

從自然演化的角度，人群比獸群的延續時間更長，顯示人性比獸性更「進化」。歷史上，人類社群始終在神權、政權、金權的交叉影響之下。五千年之前的早期文明是神權＞王權＞金權，因為那時的社會需要教化，並開發知識與文化。三千年來的歷史是王權＞金權＞神權，因為權利繼承的規矩是政權統治階級訂的，充滿暴力與掠奪。而三百年來的現代史則是金權＞王權＞神權，因為統治的資產階級訂立了唯利是圖的資本主義遊戲規則，並以資本獨占科技與工業的

利益，造成貧富越來越懸殊的社會問題，以及地球暖化的生態問題。

就人類政經社活動的演化目的而言，目前的人性與文化似乎已完成了指標，現代人類已繁衍至80億之多，並且是地球的絕對優勢物種。但現代人也已可人擇地推動更「人性」與「人道」的進化，超越基因本能的限制，把階級與權利制度的正能量用於人類身心狀態的改善、地球環境生態的管治，以便更好地面對未來。

18世紀之前，人類社會的「人性」理念包括了求真、求善、求美，政經社的「誠信」一直是人群教化所期許的德行。但資本主義大行其道的近三百年來，一切向錢看，政治與經濟活動越來越淪為騙術，社會則越來越圍繞著百分之一到十的頂層資產階級的統治團團轉。現實的政、經、社裡頭，沒少狂犬吠日般的迷思。

「好」或「不好」是人的認定，但美國當代思想者**杭士基**是談「真」或「假」的問題。1967時他強調「知識分子的責任」是要指出政府或當權者的謊言和謬誤。當政府官僚集團為圖利資產階級（比如，軍工複合體）而撒謊的時候，隱藏的貓膩就遠不止「不好」了：對美國青年而言，打仗會死人的，為越戰犧牲會助長美國社會的**人道**嗎？對越南平民而言，美軍的轟炸與化學武器更是人道災難！結果，杭士基

僅只是呼籲「求眞」、「透明」、終止政府機器對本國人民撒謊行騙，就捅到資本主義的階級與權利制度的要害：利潤掛帥到泯滅人性，寧可犧牲美國年輕人與越南民眾的性命也要給統治的資產階級創造利潤！這就不是「不好」，而是「極其不好」的了。結果，他喚起了那時代年輕人的理想以及反戰運動（反越戰），美國政府被迫倉皇撤軍、結束越戰。但越戰之後，美國變本加厲，連伊拉克、敘利亞、利比亞等戰爭的藉口都是編造的，**真實**與**誠信**竟然成爲科學昌明的歐美遙不可及的目標！這變成一個很人性、很哲學的課題：瞞騙的背後能夠是善或美的東東嗎？

　　半個世紀之後的2018年，90歲的杭士基出版《誰統治世界》，明告世人：**資產階級**的統治，以及**資本主義**唯利是圖的**權利制度**本身，就是世界動亂的根源，美、英的「民主帝國」本身就是史上最大的暴力集團。這跟比他早生110年的馬克思吻合，雖然他們兩人並不是全世界唯二個有相同認識的思想者。文明的現代人該怎麼辦呢？近代以來的國際政經社話語與遊戲規則，是歐美制定的，沿襲成爲當下的現實。17世紀的英國，啟動了科學、工業、資本主義、君主立憲等畫時代的改變，只有資本主義這件事出了差錯麼？

政治迷思

　　沒辦法，首先，仍然要澄清話語溝通的問題。「民族國家nation state」是近代西歐才流行的政治話語，明治時期華文造詣非凡的日本學者翻譯這詞也犯難。**國家，**state比country更政治化，當年歐洲人被捆綁在封建領地上，效忠的對象跟著土地的歸屬走，而「state」已經是君主制的「國家」概念，邊界之內，管你什麼膚色、信仰、習俗都算這國人，都要效忠國王！nation則既不是**種族**race，也不是**族群**people，而是文化、語言、認同都一致的理想化「國族」的概念：「民族國家」Nation State。然而，歷史上，並不存在單一國族的「民族國家」，連一城一邦的古早城邦時代也鮮少單一國族的案例，不然古人也不用開發拼音文字系統來方便彼此的溝通了。

　　近代德意志卻拿它當回事，因為是量產「標準國民」最好的政治話語。以19世紀歐洲的富庶和科技，各國對外軍事殖民並殘酷掠奪，對內則族群相對單純，大都是5世紀左右的泛日耳曼諸部與原住民混同的群落，而國家機器強勁有力、調動資源容易，二三代人的強制教化就可齊一化為「國族」，以及制式化的「國民」。希特勒是夢幻**國族**的鐵粉，大搞「族群清洗」、殺人如麻，認為清除異類就可萬眾一心、效忠國家和領袖。這樣不真實的政治話語，很快就失靈了。

　　現代人類學者，即便挾分子基因學的功力，迄今也無法釐清泛日耳曼諸部在入侵歐洲之前的狀態和歷史，同樣也無法釐清歐洲各地「原住民」的狀態和歷史。類似情況也適用於對中華世界的描述，包括泛鮮卑諸部與中華各地原住民的狀況。簡單說，在「文明國家」畫分確切疆域之前，人類在各地的活動，分支、遷徙、混融，都相當自由。不然，3-6世紀的蠻族入侵或五胡亂華也不會成為人類的關鍵事件，而「民族主義」也不會成為「群眾運動」的萬靈丹。

　　當下的臺獨政客花30多年時間把臺灣「去中華化」，要把原有的文化和認同搞個「閩南語」的「臺灣人國族」出來，在現代社會本已不易交流的代溝裡，再給年輕人添加人造的國族鴻溝，但無法改變已發生的歷史與文字。美洲西班牙語系或英語系的國家多去了，「國家」本來就是政治的認同和話語，無需牽拖、複雜化。現實的美國從英國獨立，不是在「英語」或「文化」上做文章，而是在殖民地上打敗英國前來鎮壓的軍隊、舉出抗稅的政治理由和未來的政治理念，攏聚民心，如此而已。

　　歐洲近代國家的核心軟體並非「民族國家」，而是神聖化私有資產的資本主義，由此帶來「民主」的演化，削弱王族與貴族對政權與社會的管治，形成資產階級與貴族的「共和」。這是古希臘與羅馬的奴隸制城邦社會的理念的延伸，3-6世紀蠻族入侵之後形成的今日歐洲各國，會在14世紀起

的文藝復興和啟蒙運動中，通通在文化上認祖歸宗希臘羅馬、催生資本主義，是有道理的。但這不是資產階級有意為之的設計，而是隨遇而安的演化過程。

美國獨立時已沿用了百多年黑奴，那時早已成為美國農業生產的支柱。從希臘城邦開始，奴隸就是「財產」而不是「人」，所以美國獨立宣言的「人人生而平等」，並不包括黑人和女人。更不包括白人掠奪土地與資源的對象：北美原住民。因為不把黑人和原住民當「人」看，所以對黑人鎮壓以及對原住民清洗之殘酷，成為美國歷史與社會的傷疤。由於重視科學，現代美國人可以接受史實真相，但白人種族主義加上資本主義造成社會多維度分裂，人權問題一直困擾美國社會，目前還看不到解。高度階級化的美式自由、民主、人權，一切跟錢掛鉤，無法想像這樣的「普世價值」能怎麼普及到全球人群，美國政客們卻行騙成自然、樂此不疲。

話語歸話語，實質在哪裡？就 19 世紀中葉的世界大勢而言，英國與歐洲已經完成了**科學、工業、資本主義**的啟動，都沉浸在「美麗新世界」的氛圍裡。那時，更早踏出海洋機動與掠奪的西、葡、荷、比，早已武力殖民非洲、美洲、印度、東南亞各地。英、法、德後來居上，就此成為「大國」。1840 英國入侵中國的**「鴉片戰爭」**成為最佳參考標誌之一，迄今近兩個世紀。除了全球一度都淪為工業化列強的殖民地之外，歐洲先後倒下了德、法、英等「民主帝

國」及其邊緣的俄國，現在美國也搖搖欲墜。各自風光的好
日子，難得超過百年，跟中國的朝代差不多。以工業與科技
的雄厚產出，為什麼不能太平盛世永續？人際摩擦與戰爭固
然是人類內耗的原因，但人類又為什麼無法自拔於自我毀滅
的戰爭呢？尤其在不斷指數式增長的知識之下，難道是人性
有天然缺陷麼？

後起的德國雖然科技上有後發優勢，但地球幾乎已被歐
洲各國瓜分殆盡。為了搶地盤，德國後來在20世紀上半葉
的31年間，跟英法幹了兩場「世界大戰」，幾致同歸於盡。
一直沒被戰火直接延燒到本土的美國趁勢崛起，成為二戰後
的超霸。一直想「脫亞入歐」而躋身歐洲的俄國，經歷一戰
末的共產革命，二戰後跟美國冷戰，失敗之餘，竟然採信了
美國資本主義的「經濟震撼療法」而迅速崩解，終於在烏克
蘭戰爭中夢醒：她想入歐、但歐洲始終不要她。二戰的結局
同樣也沒喚醒想「脫亞入歐」的日本，政治迷思就是如此地
「超現實」surrealistic，充分顯示人性的心理本質。

無論如何，西方歐美過去這二百年的政經社史實說明了
幾件事：

1. **經濟**，發財嘛，一直就是交易和掠奪的藝術，二戰
   後美國對歐洲經濟的控制，照樣吃光抹淨、絕不手
   軟。「金融」不過是資產階級的槓桿機制，科技與

製造才是可持續的生產力。「財富」畢竟是人為的創造，天下沒有白吃的午餐。

2. **政治**，悲觀地說，是人為的騙局：國家是統治機器，政府即行騙集團，各級官僚即入夥的騙子，目的是為統治階級榨取平民百姓的資源與財富，順便給自己分杯羹。

3. **社會**，是個教化、洗腦的平臺，使人們按既定的遊戲規則出牌，繼續玩轉政治與經濟的遊戲。而18世紀起，利潤掛帥的資本主義大行其道，成為人類社群的核心軟體與規則。

關鍵在於：**科學、工業、資本主義**這三項大躍進，它們各自在人群中隨機進化了很長時間。人腦一直在琢磨事物的因果與邏輯，也一直在琢磨器物製作與資源使用的優化。但要到17世紀的歐洲境況，人的心智才被激發到將它們關聯起來成為系統軟體。資本與工業的互動、科學技術與工業的互動、資本與科學技術的互動，各自形成正向回饋機制，而資本則收割了最大份額的利益。這就是資產階級的資本主義。鴉片戰爭那時，除了中國，全球各地都已被歐洲征服、殖民。所以，鴉片戰爭打出了英國與歐洲列強的「文化自信」。科學、工業、資本主義，徹底改變了人類物種的生存方式，其影響遠不止於表現在歐洲對中國的征服而已，迄今

仍在各維度上深刻影響著人類。

　　科學極致的求眞（使得技術飛躍進化），工業量產的效率和品質（達到物質層面的求善與求美），資本主義的唯利是圖（把資本逐利培養成文化習性，解放人性貪慾到肆無忌憚的地步），這幾個軟體本身都已經是人類的極大突破，需要人類自身對之適應。人類業已進化到了要適存於自己創造的人文環境當中了！

　　鴉片戰爭之前，制度的好或不好，歐洲說了算，那時候，一句話「這不科學」，你就是錯了、落後了。鴉片戰爭之後，尤其一戰和二戰之後，「文明」的歐洲也知道「不好了」，因爲不是科學的問題，是「人的問題」，但「人的問題」從來就沒搞清楚過。比如，自然界行騙的物種確實不多見，但也存在，只不過，人類是唯一能夠進行有意識的撒謊、行騙、詐欺的物種。人史上的統治階級就經常撒謊、行騙、詐欺，唯利是圖的資本主義時代更不例外。

　　從科學與工業的軟體核心看，誠信是必須的共業。但唯利是圖的資本主義所激發的人性貪慾，是造成現代政經社愈來愈沒有誠信的原因，這跟現代網路充斥僞假信息是同樣的根源。歷史上，管治人群的統治者，集權但不隱身，而近代資本主義的資產階級的統治則隱身在政府官僚集團背後，操控信息、媒體、選舉、國內與國際事務，令人們在信息、資

訊不對等之下，看不清眞相。各種政治迷思會一直繼續困擾人類。

經濟迷思

這一樣也碰到語言與文化差異上的尷尬：economics 從希臘文到拉丁文到英文，原意是「家政術」：管家婆如何優化有限資源的運用以應付繁雜的家政生計，也就是「管理運營」的本來面目，擴大到社會層面，目的當然也就是維持集體生計。日本士人譯成「經濟」，取華文化傳統學問「經世濟民」的意思，就更有爲蒼生思量的道德分量與維度。在過去三百年的歐洲，科學和資本主義都是新興文化，「經濟學」也成爲新生事物，但要定義價值、價格、需求、市場心理等諸多難以量化的因子，困難度與不確定性是自然的。

歐洲「經濟學」的方法是科學的，在資金、設備、原料、勞力、產品、成本、市場、流轉等可以量化的邊界條件下，算計到利潤的最大化，近於 science 或 engineering 思維，沒有道德或情感的約束。這在社會或國家的數量級，就是講究「財富」的定義及其積累方式。涉及的「競爭力」就連「文化力」與「武力」的投射都可以成爲參數，但這些因子也跟人的「慾望」或「消費者心理」一樣難以量化，只好由得統治階級御用的「專家」們自由發揮。

　　雖然如此,還是可以從其他角度看到「鴉片戰爭」之無可避免。19世紀那時的英國已經是海洋霸主,到處殖民、掠奪,並已掌握印度次大陸、經略緬、泰,但丟失北美洲殖民地給獨立的美國。那時英國的擴張只能焦聚在閉關鎖國、狀態不明的中國。19世紀初,「乾隆盛世」餘熱還在,清王朝的虛弱還不被外界知悉:人口衝破3億,已經達到畝產穀糧的生存極限,農民造反已經勢在必行。這個情資被清政府自己碾壓掉,英國也不知道,但流民乞丐遍布城鎮的景象卻瞞不過去。另外,當時全球各地大都已被歐洲列強侵入,中國不自知已經成為最後一塊肥肉。現在回頭看,形勢卻相當明白。

　　當然,以毒品交易做為一個「文明國家」而且是「民主」帝國的藉口來攻開另個文明國度的大門和市場,是荒唐、不道德的。但不堪一擊的中國原形畢露,使得掠奪的成本遠低於交易,何況太平天國的農民革命即將席捲中國,破敗的中國只等著列強爭食。「鴉片戰爭」到「八國聯軍」,不過60年,中國已經成為列強的「次殖民地」,「公共租界」伺候所有東、西方「洋大人」。再到1949共和國成立,距離鴉片戰爭百餘年,那一清二窮三白的境況,就不需要鼓動「民族主義」也能想像的了,光是條約明文的賠款總數不下5億兩銀。明清兩朝攢下來的銀兩還不夠,更別提被掠奪的文物財物等等。中國人不革命行嗎?類似處境的20

世紀伊斯蘭、印度、東南亞、中南美洲等世界，革命是唯一選項。

　　更要說白的是：操控人類經濟的那隻「看不見的手」，不是學者專家們愛講的「市場」，而是「人的慾望」。市場供求是可以均衡的，慾望則永遠無法滿足。現代經濟的最大比重來自城市，講究的早已超越生活必需品的供應，而是心理慾望的滿足。比如，大規模聚居的大都會區，對外界新聞、信息交流、社交圈、自我的投放等等，產生巨大的心理黏附需求，使得電訊、廣播（媒體、網路等）與電子系統（智能手機、TV、遊戲機等）蓬勃發展，實際滿足的是人的心理。當然，這對**利潤**而言依然是實在的市場，但對城市之外的人群而言，他們甚至不明白這是個什麼樣的心理需求和慾望。

　　這裡，17世紀英國開始發展的科學、工業、資本主義，就有了最現實的意義。在專業分工的生產線取代家庭作坊之前，「工業化」所費不貲，需要很多嘗試，把流程、工種、設備、勞力都串成量產線，哪怕還大量依賴手工。但這從根本上改變了生產方式，因為家庭作坊都是單人操作得了的簡單設備，效率低、產品規格參差不齊。怎樣把資金、設備、勞力、市場等等要素調動起來，最大化利潤，這本身就需要解放思維，才會想的到把它們組織成一個個「工廠」，讓勞力成為上下班的勞工。當時的英國的毛紡正好具備原料、人

力、富裕的地主資產階級（其中許多是封建貴族）的資本、稍微集中的城鎮等等條件來啟動一個「工廠」的原型，從而成為第一個吃螃蟹的人。投資建廠的資產階級當然是最大受益者，利潤掛帥的逐利資本，就此迅速積累了更大的財富，更加夯實了統治基礎。

工廠是**量產**的。工廠能夠產生利潤的前提就是產品的性價比，量產本身的重要考量是生產效率的提高降低了產品的單位成本，從而在「市場」上跟同類商品競爭。實際上，工廠的建立及其運營所需的資金量很大，這是資本主義遊戲的門檻，一旦開張，工廠就會為了自身的盈利而拼命出去推銷產品。這個侵略性成為人類「經濟」系統的不言之祕。一切為了「利潤」，最終產品好壞不論，只要有人買單就行。這也是鴉片戰爭之時，英國急於攻開中國大門的原因：為了人口眾多的「市場」。雖然進入中國市場的英商未必都賺錢，但發財的慾望還是吸引了眾多「冒險家」來到中國**博弈**，尤其是又販賣鴉片、又辦銀行造幣的怡和或沙遜等猶太家族集團。這才是現代人類**經濟行為**的本質。

前面剛說過，18世紀歐洲的三大躍進，徹底改變了人類，其中的科學與工業，是人性的進化（求真、求善、求美），而資本主義規則卻是人性的極端化（刺激了無可饜足的發財慾望）。但，如果經濟的目的不是利潤最大化而是生態最優化了呢？我們一定要認清，人類有許多別的物種絕

對沒有的創造：遊戲、賭博，是其中兩大項，並且很容易上癮，這反映了真實人性的一部分。

鴉片戰爭的二百年來，世界變化太大，人類科技進化之快出乎人類自己的想像。政治、經濟、社會，無論思想或構架，普遍跟不上科技界和產業界的更新換代。面對科學、工業、資本主義如此強大而年輕的新興文化基因，傳統文化發生適應不良的現象，比如，由於科技進化，人類生產與生活日益科技化，城市的物資供應前所未有地充裕，遠超 17 世紀之前人類社會習慣的現象。教化機制首當其衝，出現巨大裂縫：傳統教化克制慾望，資本主義則需要釋放慾望，刺激貪慾是不用學就會的，甚至會上癮。但科學與工業卻需要經常的嚴謹學習與演練才可成為牢固的文化基因，從而減少出錯的機率。我們放的這些馬後炮裡頭有一戰和二戰的教訓，這是當時身在此山中的人看不明的。

現實地說，人類很早就把智力用於預期與計畫等「經濟」相關的活動，無非語言文字尚未開發完備，要演化到規模定居農耕的數量級，打開文明的序幕、建立人群的政經社制度軟體，方才有後續至今的人史演化。由於中國歷史記述相對完整，從大數據的角度，現代人可以比較容易地檢討中國朝代歷史的輪迴，包括可能的天災、人禍、體制等的分析。天災的影響，雖然仍欠缺量化數字，但生態的災難性後果是清楚的：黃河流域大片森林被砍伐為農地，加速了黃土

高原土壤的流失，洪水發生的頻率變大（這倒有些數據）。這在中東的兩河流域以不同的面貌發生，過度的農墾灌溉很早就使得大片土地鹽鹼化，人群只得搬家，許多遺跡就這麼留存了下來。這些數據不全的事就暫且不說了，考古學者會拼出更完整的故事。

撿兩個確切的數據來說明過去二百年的人類經濟境況：

1. 1790中國人口普查數字超過3億，墾田數字約7.8億畝。

   1793，**洪亮吉**提出人口論，認為中國需要控制人口增長，否則將日益貧困化。簡單說，工業革命之前，農業是人類生存的最大支柱，但農業也是人力密集的產業。農耕以穀糧養人，增產則靠擴大耕地、增加人力，這個內在的循環套使得人均糧食年產量成為衡量中華社會的指標，並且無解！現代的工業化、機械、有機肥、基因工程、種子雜交等，才是人類農業的出路。目前，英法德的農業人口占比都約20%，美國則只約1%，但其人民的飯碗基本上都端在自己手裡。

   八國聯軍之後，中國大革命，並努力工業化，但底子太弱，且方向不定，要熬到21世紀才勉強現代化、跟國際接軌。當代中國經濟學者**吳慧**的「中國

歷代糧食畝產研究」（1985），倒正好是中國的「前現代」數據。比如，共和國之前的兩千年間，0-18世紀中國每畝年產糧也不過翻兩番，而1-17世紀的人均年產糧更只約略增加30%。就在中國人口達到三億的1790年，對人均年產糧而言，是腰斬一半左右，難怪乾隆末期的農民就開始造反了。此後直到1949，占比80%以上的中國農民基本掙扎在一清二窮三白的境況中。

2. 根據美聯儲2022年9月公布的統計，現實地看看21世紀以來的美國經濟數據吧：（正好是新冠19前的數據，疫情沒影響）

財富	尖頂		高	中	底	總值／
級別	0.1%	0.9%	9%	40%	50%	萬億美元
2000 占比%	10.29	16.3	35.19	34.97	3.25	42.09
人均比率	**1580.3**	**278.2**	**60.0**	**13.4**	**1**	
2019 占比%	12.17	18.32	38.64	29.08	1.8	109.64
人均比率	**3385.8**	**566.6**	**119.5**	**20.2**	**1**	
占比% 增減	1.88	2.02	3.45	-5.9	-1.46	(2019-2000)

2019年，美國社會上層最富的10%階級，財富共占75.79萬億美元（69.1%），其下的40%中產階級才共占31.88萬億美元財富（29.1%），而50%的底層階級才擁有1.97萬億美元財富（1.8%）。比起2000年，上層10%資產階級的財富占比增加了7.35%，這就是90%的中、下層階級的財富占比的縮水數字（包括農民）。

2000年，美國財富總值42.09萬億美元，2019年這數字上升為109.64萬億美元，20年間漲了2.6倍（相當於每年5%通脹率，其中還經歷2008金融海嘯），展現了通貨膨脹的威力，怪不得重創中產階級，才會發生「我們是99%」的**反華爾街運動**。實際，褥羊毛的不止1%的頂與尖層，而是整個富有的10%高層。簡單說，這是資本主義**體制性貪腐**的結果，貧富懸殊的趨勢跟意識形態不相干，也出乎疫情的影響之外（2022年各國一放寬對疫情的封控措施，立即發現貧富懸殊進一步加劇），是利潤掛帥的資本主義制度的必然。印鈔票、**通貨膨脹**，從宋元開始就是權利階級褥羊毛的手法。金融資本的體制性貪腐，唯利是圖嘛，大印美元、炒作地產、股市、互聯網等，才會有次級房貸證券化、索羅門兄弟等「資本操作」的泡沫化，以及，各種利益複合體的政商旋轉門機制。

　　中國改革開放以來，也開始發生類似美國的現象，而即便已經「美國化」到這程度，美國還是說翻臉就翻臉了。這跟「經濟」沒有一毛關係，跟統治的資產階級的利益則百分之百相關。因為你的經濟目的跟他的不一樣，你還有維持「集體」生計的「初心」，而他的初心從來就只是增加自家的財富而已。

　　當下歐洲施行社會福利國家路線，由公民50%的高稅負來承擔**幸福指數**的提升，反映了基本經濟學原理：天下沒有白吃的午餐。然而，做為人權的對比，非洲現有的13億人口中的6億，迄今還沒用過電（全球現有80億人口中則有14億沒用上電）。並且，**老化**是個嶄新的現代社會問題，二戰之前的人類平均壽命也就五十歲左右。無論生理或心理，人類社會都沒有老化到平均七、八十歲的經驗，現代人還不知道怎麼應對老齡化的社會結構。這些都是新增的「政經社問題」，而首當其衝的是經濟，現在還沒哪個「經濟學家」提出具體解決大量退休人員還要繼續在社會上生存二、三十年的經濟流轉辦法，因為資本主義的經濟目的是個人賺錢、而不是原本的集體生計、更不會料到老齡社會的集體生計。更何況，美國政府歷來的年度開支，軍費已長期占最大份額（40+%），連基礎建設都捉襟見肘、毛毛雨意思意思，哪裡還有餘力顧及老弱。

　　近代歐美引領全球至今，科學、技術、工業、資本主義

都在極速進化。目前顯而易見的是科、技、工業已經聯成一片，AI是流行的詞，其實就是仿人腦似的「自動化」，這些都還有點人味、要解決人的問題嘛。唯獨資本主義沒了人味，歐美「經濟學」是科學和資本主義啟動後才形成的，人的因素成為算式裡的變數，而不是主體，導致經濟領域也存在許多迷思。

社會迷思

事實上，17世紀之前的人類並沒太多數據，那時候還沒進化出紀錄、統計、解析的科學方法。可以說，科學之所以是「量子飛躍」，不僅在於各門知識的大躍進，更重要在於人的思維方式的大轉型：重視數據和驗證，使得進入數據與信息時代變得很自然。千金難買早知道嘛，這就是數據、信息、網路的重要性，也是集群的重要性。人類從發明文字到上太空只花了五千年，而從牛頓發現物理方程式到如今網路、大數據、AI時代只花了三百年。許多關於人類社會的迷思，也許只需要把史實**數據化、信息化**，方便電腦助力人腦去找到事物間可能的關聯與因果，便可迅速「一目了然」。

基因驅使人群演化，本能的階級與權利制度，是不可逾越的邊界條件。從上古時期跟神權祭司階級並治的王權階級

的小國寡民城邦世界，到中古時期君王與貴族階級統治的規模集群的帝國世界，到近代資本主義金權的全面隱形統治的世界，其來有自。任何大小社群都需要秩序管治、生計維持、教化一貫，不然就會崩解。

演化使得「人」的**個體**是【**心理**（自我—意識—認知—思維—慾望）】驅使的動物，而「人」的**社群**則是眾多個體的（心理—慾望）在**階級與權利制度的本能與現實境況下**均衡出的【**政治—經濟—社會**】整體。無論個體或群體，「人」，都是非常複雜的心理與文化動物，「私性」與「群性」的交互作用極其多樣，可以說，「**人」是唯一有可能改善或設計自己的「人性」的物種**。

農業文明之前，人群之間早已進行過交易或掠奪，不然「城池」與「防人之心不可無」也不會成為硬軟體標配。文明初期的農耕是高科技，人群的政經社無不盡力開發農技、人口、耕地，在地廣人稀的時候，農業經濟可以持續增長。7-13世紀，以農立國的唐宋中國達到了農耕文明的極致應用之後，人類就必須等到科技與工業時代的來臨，農業方才可以養活持續膨脹的人口，雖然有農藥、化肥等不可持續發展的因素，但現代高科技足可解決問題。

當農業產出擔負不起政經社的分配的時候，社會體制就必須革新了。即便當下科技時代，再怎麼進步，農業與工業

的產出依然會有個極限值，同樣會擔負不起過多人口的分配，尤其是糧食。換言之，人類物種需要考慮針對人口數目自我設限了。對自然演化而言，設限違反種群繁衍的本能。不過，智人的進化，社群的「文化」，**人性**一直就是逆反獸性本能的。當下利潤掛帥的資本主義文化，物化了人性、削弱了人的進化。科學地說，現代政經社需要革新爲把智人之智用於生態與人道的最大化，才符合現實狀態。人類的（腦／心）韌體，意識與認知的自我性與實存性，使得智人無法欺騙自己，既不能強不知爲知、也不能強已知爲不知。

　　現實地說，**知識**在中世紀歐洲的宗教黑暗時代裡是很「貴」的珍稀物品，直到18世紀，歐洲普羅大眾的識字率與知識並不高，但貴族教育頗爲嚴謹。而在中國，周王朝的衰微是孔子時代的現實，戰國群雄並起，小農經濟、私有化土地，「人民」的概念迅速取代了貴族，孔子平民化了教育，「有教無類」，詩、書、易、禮、樂、射、御的課綱延續了周王朝**士大夫**的小貴族味道，教出了中國知識分子「以天下爲己任」的「階級情懷」。孔子之後中國體制迅速轉變爲一統的帝國格局，管治政事的權利靠職業官僚階級，不靠「貴族階級」；社會裡所謂的**貴族**只是以「權」爲貴的**權貴階級**而已，有權斯乃貴，但**權**可以隨時消失，就「貴」不起來。兩宋實施平民化科考和文官統治後，科考出題範圍的那丁點不專業的知識，成爲做官的快捷通路，但天下家國的情懷卻

不失爲中國知識分子階級的傳統，可比擬西方的戰士階級傳統，偶而也爆發出驚人的能量。

這樣就說透了現實：文化即習性，是好是壞，都要面對。平民教育的精神使得中國社會的文教水準長期優於四鄰，雖然存在巨大城鄉差距，更因科考框框而知識空泛化。若以18世紀同時間點比較，歐洲貴族教育的精神使得歐美形成耶穌教徒衆的團隊戰鬥優勢，知識專業而實用，更因科學而如虎添翼。

知識一直是人類的生存競爭力，但由人腦承載的知識，其進化需要漫長的過程，各種「知識」隨人腦棲身在政治王權、宗教神權、經濟金權的社會結構裡，成爲官僚階級。**現實是**：**知識不是知權，並不在階級與權利制度的菜單上，知識分子階級跟戰士階級一樣，僅只是權利階級的營利工具**。文人或武人，是跟古時的工匠、商人類似的屬性。現代的專業人士，相對容易發小財、過安穩日子；但資產階級的「階級」是人爲的定義，發財到什麼程度，才算是資產階級？前面美聯儲的統計數字給了點信息，就是最富有的10%以內，**也許**，可說是統治的資產階級。是的，**也許**，因爲他們的操作隱形，我們並不確切知道。

因爲不存在「**知權**」，即使是科學化的現代，政經社制度並不會去保障信息、資訊、知識的眞確或誠信。正正相

反，階級與權利本身，爲了自身利益就大量製作、散布僞假信息與資訊。但現代人也不知道當下科技已足可揪出任何政客、官僚、商家、媒體、宣傳的謊言，包括律師、會計師、科學家等「專業人士」的作假。網路等於把數據都透明化了，而電腦正好是做大數據對比的最有效工具，加上 AI，判斷眞僞不是能力問題、是意願問題。

　　科學地說，人是群性動物，本能地產生「群眾心理」、傾向於跟隨人眾認同。這樣的人性也是集體歇斯底里症候的源點，大凡異常的狂熱，無論是流行的時尚、民粹、納粹、種族或民族主義、性別主義、邪教、戰爭等等，人群所顯現的殘暴或怯懦，都是可以被激發的、交互感染的心理狀態。中國社會的20世紀是以義和團事件爲開頭的，但人類早已存在各種形式的義和團，種族主義或民粹主義或燒女巫運動都不是現代才發生的。人群天然具備義和團的傾向，過激的心理引致各種角度的選擇性無知。現代科技極其有力，連續數十年的教化與洗腦，臺獨也可**製造**出一個民族國家，還可讓官僚、媒體、網路等**認知作戰**行業賺錢，但，對臺灣人群眞的有益嗎？

　　人類的私有制在文明之前就已存在，近代政經社是**神聖化**私有資產之後，富可敵國的資產階級的金權才開始凌越政權（借錢給政府，並綁架稅款以擔保償還），產生利潤掛帥的資本主義、形成現在的政經社體制。金權成爲權利制度之

首是文藝復興與啟蒙運動的軟體成果之一，在科技極速進化的今天，未來社會應該建立**知權**，包括科學的**真知**權與大眾的**知情**權，保障社會的**誠信**與信息的**真確**，以均衡已經存在的金權、政權、神權對各項人權的破壞。

現實的政、經、社體制，以及，階級、權、利等文化，都是人為教化的社會軟體，小到家庭、乒乓球社，大到城市、國家、聯合國，都自有現實的規矩與文化。上到道德與倫理的規範，下到玩耍遊戲的規則（人類是唯一會自創「遊戲」、自娛自樂的物種），古今中外都如此，何況政經社體制裡還有階級與權利的交叉，利vs義、慾vs德，現實vs理念，均衡並不容易，著實需要**智慧**。

意識形態

意識形態這詞是美國政治學者在美俄冷戰時代發明的，用來形容資本主義國家與社會主義國家的巨大思想差異。「意識」其實是個人自我最私密的心智內核，集現代腦神經學、心理學、人類學、社會學、語言學等專家的研究，刻仍處於一知半解的神祕狀況。但，既然人們認為意識導致思想、慾望、行為的差異，政治學者以**意識形態**形容人群心思的落差，勉強算是個政治話語。

　　就現代華人的境況而言，20世紀初的八國聯軍之戰，中國徹底被西洋列強打趴，中國知識分子這才真正醒悟到跟西方接軌的必要。可以想像中國的「現代化」，要適切轉譯、對接西方文化的方方面面，是個多麼龐雜的功課，需要多大的信念和意志。受限於流變的時空環境條件，**文化**並不是幾場政治運動就可以迅速改造的，中國的「現代化」這場「文化大革命」，仍在持續當中。

　　向西方學習這個動作無法簡單化：年輕的資本主義是歐美社會的新興主流文化，它自身也在不斷適存改變，20世紀之後的俄國共產革命、美國凱因斯式政經統合的國家金融資本主義，都可算是對資本主義的某種反思和改造。這些變化，疊加在20世紀以來加速進化的科技平臺上，信息和資訊瞬間即時傳播，使得中國人的意識形態高度混雜、思想光譜豐富。大革命之初，孫中山的政治號召是傳統民族主義的「驅除韃虜，恢復中華」，經濟綱領近於西方社會主義的「平均地權，節制資本」，他迅速向傳統的「民本」文化靠攏、現實地陳述其主張為「三民主義」。直到列強之中只有蘇俄伸出援手、第一次國共合作之時，中國知識分子才跟當時的國際一樣，分裂為國民黨右派與共產黨左派兩大政治意識形態。孫中山不幸很快逝世了，那時碰巧手握兵權的蔣介石迅即接受了美英的支助，中國右派對左派的血洗策略就成為蔣介石的投名狀。這無非是當時國際上歐美日對抗蘇俄模

式的中國版（同時段還有西班牙版），之後二戰的英美俄法同盟對抗德義日軸心，短暫地模糊了焦點，一時之間，歐洲內部的利益矛盾還比左右意識形態矛盾更火爆。

二戰後，毛澤東代表的中國左翼取得巨大成功，這個歷史經驗刻仍令現代學者回味，如果歸之於政治意識形態的勝利，未免太過簡單化，難道不是中國共產黨人在組織、紀律、協調、溝通上更科學地近於「現代化」，浮現一個新型華人的勝利？

中國經驗，尤其是現代化的長期磨合中，認識到各種西方模版的矛盾、變化、缺陷、不匹配的地方太多，左右翼政治意識形態不過是反映現實社會上的階級與權利制度的重大矛盾與缺陷而已。現代科技實現了信息和知識的透明化，現代人的知權已然崛起，智人的集體智慧不會被既有的權利慾望永遠抑制。利令智昏的兩次世界大戰、美俄冷戰的歇斯底里程度、史無前例的中國「文革」運動，以及當下美國權利階級令人齒冷的霸權行徑，再再說明：反智與反科學的民粹式狂熱，絕對是人性的暗面。**利益觀的公允與價值觀的包容**，才可助益現代人真正自由、民主、平等、公義。

現實是，美國社會所謂的左、右派不過是政治把戲，主要的民主黨與共和黨，乃至「主流」媒體，無不是按資產階級的遊戲規則演出，都需要「金主」出錢嘛。至於國際政治

的對壘，1991蘇聯解體後，左、右政治意識形態對壘的冷戰實際已經結束，只剩下霸權的利益與慣性。之後，美國編造各種謊言、發動了大大小小的區域戰爭，製造了中東伊斯蘭世界超過千萬數量級的難民及其大規模遷徙，這樣的人道災難由並無**人權**的美國發動（美洲原住民的滅絕，黑人與少數族裔仍在爭取民權），除了垂涎中東石油、加上耶穌教系跟伊斯蘭教系勢同水火之外，跟「意識形態」左或右的政治光譜完全無關，問題在於「人的生存權」不受政經利益的蹂躪！

美國艾森豪總統1961退職時提出「軍工複合體」這詞，警告美國人要警惕資本與工商的勾結。從那時至今，美國又增加了能源複合體、醫療複合體等龐大複合體，光這三個複合體加上俸養吃公糧的官吏，已經占掉美國公共開支絕大部分，全部是納稅人的負擔。

人群不同的文化取向或偏好，當然是現實存在的。但以現代科學之力，猶不能解釋包括思維、意識、志趣、決心、信仰等自我的內核，奈何以虛無縹緲的「意識」來分類或標誌人群？一個比較重私利的就是右、比較願意分享的就是左，「人性」不都兼具左、右性格麼？民粹、納粹、法西斯、霸權等引致的人間磨難從未斷過，這些東東的本質真的是「思想問題」嗎？美歐人群是耶穌教徒，同時也是白人種族主義者、掠奪成癖者……，當下美國社會的分裂，到底是哪個「意識形態」挑動哪根神經不對，這真需要智人之智了。

　　小布希可以用謊言入侵伊拉克，川普可以玩弄美國民粹，但都絕不會是另個希特勒事件，因為現代網路早已「還**知**於民」，真相總會迅速大白於天下，美歐乃至各國政府都忌憚公益的非營利維基解密網站是有原因的。

自由、民主、平等、公義那回事

　　意識形態那麼虛無飄渺的事，都能拿來炒作，現實地說，人權、自由、民主、平等、公義的理念，就更能拿來合理化為話語權了。在階級與權利體制下展現的「人性」，兼具**公**與**私**的意識，積澱在各族群的文化習性裡，既有天擇的倫理與道德規範，也有人擇的權利與階級的烙印。人群文化裡的人文理念存在現實的、人為的「階級性」，這是無可奈何的事。比如，剛說過的美國金字塔尖的1%的資產階級，如果不是這1%，那只好就是「我們是99%」的階級嘍。

　　美歐社會自有一套規矩，資產階級不是暴發戶或起家的第一代可以隨意加入的（第二代或許有機會），再富也不行，這些是華爾街和美國政經社體制的真正「業主」、統治者，吃相還是要講究一點的，起碼得秀點文化。這好比歐洲的貴族，需要點「歷史」，有錢也買不來「貴族」身分。目前的世界就亂在連資產階級自己的財富也不放心存放在美

國。所以中國改革開放的小確幸暴發戶最好明白，吃相別太難看，都是共產黨護著中國大院的結果嘛。

　　今天的中國，教育相當普及的了，對擷取利潤的方法與自由度，也類似西方了，但即使一人一票普選也選不出共產黨以外的政府。這跟美國再怎麼選舉也選不出共和黨或民主黨之外的政府，是同樣的意思。這兩黨都是靠資產階級的「政治捐款」捐出來的嘛，而結合了傳統民本思想的中國共產黨再怎麼著，至少代表絕大多數人民的利益，尤其是農民。歷史的因緣，孕育了今天歐美的個人主義傾向，以及今天中國的社會主義傾向，這是人群的**文化習性**造成的。血緣與歷史近似的西歐各國，英國人的北歐海權的文化習性，尚且無以凌駕其他歐陸各國的陸權文化習性之上，平等嘛。美歐的唯利是圖和種族歧視的「自由民主」絕不會比中國的「為人民服務」更道德、更人道、更普世。

　　歷史長河裡的人類，實際是在階級與權利制度的演化中度過的，一直並行交叉著知權、神權、政權、金權。「權」、「利」、「階級」的意識與實踐就反映在現實的政經社之中，只要底層的大多數人眾難以生存下去的時候，打破既成體制的革命，必定成為實現人權的唯一方式。希臘羅馬式邦國的經濟基礎是奴隸，中國的經濟基礎則是自耕小農，人史上，這些大多數底層人群的革命或造反事件不都為了爭取人權、自由、民主、平等、公義麼？這就是人性。

　　新冠19的科學數據顯示，2019年9-12月間，美國、義大利、西班牙等多地就已經出現該疫情的病毒，疫情相關的真相已近於浮顯，更加暴露了美國軍工複合體的荒謬：二戰後的美國竟然隱瞞日軍731部隊在中國東北研製並使用生化武器的事實，還以日方交出731生物戰部隊的檔案、數據來交換日軍相關人員免於戰爭罪犯之責，而接收731資料的便是涉嫌新冠19起源的美軍生化戰基地，德特里克堡，那裡也接收了納粹德國的生化戰資料。最荒唐的是，美國歷來軍費裡頭就包括生化武器的研製，包括全球二百多個美軍「生化實驗室」。而且，繼日軍之後，美軍還使用過細菌生化武器對付包括平民在內的「敵人」，韓戰時用過，越戰時的橙劑更殃及環境！美國政府更以伊拉克發展生化武器為藉口而發動戰爭，事後這藉口被證實是美國政府自己編造的謊言，而謊言被捅破之後，居然沒有任何人或機構需要交代、負責，這不能不是美歐政經社體制敗壞的一個具體症候。

　　美國五百多個民選參眾兩院議員之中的三百多個，都是槍械製造商關聯的「政治捐款」受益者，面對每年三萬多死於槍下的無辜生命，槍械管制的律法就是通不過這些「民意代表」的投票。而這些已經廣為大眾知曉的資訊，究竟代表了什麼樣的政經社與怎樣的權利操控呢？

　　10世紀起的中國宋王朝轉型為文官統治，知識分子公開告訴統治者：皇帝與士大夫共治天下。那時的皇室與文官

階級都認識到，「政治」是王權為主、聯合知識分子與金權階級的共和，包含各級官僚系統與城市工商體系的實際利益。宋王朝興衰的10-13世紀正是「英國人」的形成時段，由北歐維京海盜分支的諾曼人征服英國，以及法國諾曼第，並逐漸融合當地原住民、形成諾曼第公國與英王國。歷史長河不過使得追逐權與利的諾曼人的征服，最終造就了「英國人」這個民族，及其偏重「海權」的習性與意識。剛發生不久的英國脫歐，以及近來的美英加澳紐五眼聯盟，還真說不清這是個什麼樣的英語系族群的抱團心態？難怪法國人要為澳人失信、將潛艇轉單給美國製造而憤怒。

現實地說，英國造就的海洋帝國以及其英語系的美、加、澳等，確實就是以海洋霸權的形式跟法德俄等歐洲陸權國家PK至今。一切族群的政經社演化，包括近代法國與美國的革命、德意志的統一、俄國與中國的革命、蘇聯的解體、英國的脫歐，等等等等，都離不開歷史的積澱與因果。這才是人們難以啟齒的「私密」。

對二十世紀初葉的中國知識分子而言，包括毛澤東，那時候西方的「現代化」榜樣，「自由民主」的資本主義國家很多，而「平等公義」的社會主義國家只有剛成立不久的蘇俄，但西方的「社會主義」理想不但是最接近華文化以民為本的現代版話語，那也是耶穌教博愛精神的引申。所以，毛澤東的選擇是很接地氣的中國特色，以當時中國數億底層農

民的無助狀態，不革命能「自由民主」嗎？共產黨只是實踐那個「現代化」理想的機構，共產黨在中國革命的成功、文革的失敗與倒退、改革開放、如今的不忘初心，都不是偶然的，都是同一個方向上的摸索，社會主義的實踐並沒什麼可循的先例，蘇俄、中國都得摸著石子過河。

中國知識分子也確實很努力地學習西方以便「現代化」（其實是「科學化」），但華人的文化體量和慣性都大，即便有過3-6世紀的大攪拌與吸收佛教的機緣，中國依然是延續時間最長的文化主體。中國無法照抄日本經驗，日本在「全盤西化」之前已經有過兩次「全盤華化」的文化移植經驗，第一次在西元紀年之後通過韓國引入漢式農耕文化，第二次是七世紀的「唐化」運動，相當有效地轉譯和消化當時的中國文化。中國這次要向西方學習的，不止於科學、技術，還包括禮、樂、文學、繪畫、建築、政、經、社、法、商等一切文化「軟體」。這需要時不時挑戰自己原有的文化慣性，但又自知不可能「全盤西化」，心思是蠻複雜的。

反過來，西方的誤區在於**白人種族主義**與**歐洲中心**的傲慢與偏見，對東方近乎不了解。華文化本來就沒種族主義，經歷一百年現代化的努力，華人已經科學地跳脫**中華中心**的框框，更由於大力提倡科學教育和學習外語，對西方文化算是有一點了解。中、西這方面的不對等，會是現代西方的重大考驗。

中國現代化的努力，是華人社會一次類似西歐的文藝復興和啟蒙運動的、真正的「文化大革命」。在科技極速發展的今天，現代人明白：地球是圓的，宇宙和人間都沒有中心。人類原本就是倚賴群與智為生的物種，科學和技術的進化原本就是智人進化的表現。科技不過就是智人使用的工具嘛，無非加速的科技進化使得人群的文化習性跟不上而已。現代社會文化與科技的不匹配，根源在於現代人普及的是歐洲新興的利潤掛帥的資本主義文化，金權獨大之下，自由化資本的掠奪，使得科技的應用更加成為權利制度的斂財與武器手段，演變成人類物種自毀的最有效工具！

現代對科技的應用，依然是賴以產生巨大「利潤」的思維，要不就是用以製作超級武器、消滅「敵人」。人們需要重新安裝心智裡的思維與意識，導引慾望到人類真正的適存智慧：社會公義的均衡與個人自由創造的發揮，跟環境生態共生、跟一切生命共存。所幸，現代大數據與網路科技對信息與資訊的普及和透明，使得現代人更能從文史哲政經社的綜合經驗裡，摸索出人類最優的進化方向。

個體生存是自性的，天性自然地形成私有制。但種群延續也是天性驅動的，扶傷、恤弱、濟困是必要的社會公義，這也自然形成。資產私有不是問題，2500年前中國就已經制度化地明確廣大農民為小田地主、承擔自家的衣食住行與稅役（所以也是最小單位的手工業主），問題在於資本主義

教化出沒有底線的絕對私有，造成唯利是圖的金權、體制性貪腐的官權，以及普遍的貧困化。這才是當下美國現象折射出來的深層經驗與真相。

科技的加速進化使現代人越來越只分化爲城裡人和鄉下人，交通、電力、電子、電訊的建設都是以城市爲中心展開。五千年來的體制，大量底層勞動者，世代供養著城裡人及其權利階級。在科技的支撐下，現代城市生活已經實質上全球化，目前地球人的人均口糧產量是足夠的，但地區性飢荒依然不時發生。分工與分配的不均衡，就是具體政經社的自由、民主、平等、公義問題，而無論什麼「主義」，對求生存的底層大眾而言，就是「人道」問題。

經驗與智慧

前面各節詮釋了人群的歷史與現實的狀況，由此看到**美國憑什麼**霸道的具體表現：遊戲規則的話語權和定價權，美元金融和美軍。

以及，**中華憑什麼**不被霸凌的具體表現：在鴉片戰後百年第一次跟西方較勁的韓戰中擺平了美國，加上完全自力自主的兩彈一星。

環地中海的文明孕育了西方文化：交易／掠奪／機動、

拼音文字、戰士、宗教信仰的生活方式，混合了農業城邦與遊牧部落，造就了多元族群的眾多邦聯國家群。東亞黃河與長江流域的文明則孕育了中華農耕文化：小農經濟、象形中文、文士、大一統的生活方式，集成了少數城鎮與眾多農村，造就了華文化混同的一個中國。

中、西之外，世上當然還有許多不同的人群與文化，也憑各自的本事適存至今。所以，當下的美、中糾葛，牽扯的究竟是什麼樣的利益？從現實出發，卻繞回到虛擬的現實：「利益」。怎麼定義和溝通，又怎麼知道這利益不是「欲加之罪，何患無詞」的詞？當美國的誠信已經被揮霍掉的今天，美國除了耍狠、硬不許老二貼近老大之外，還有什麼信用來談判、解決問題？

人史紀錄了許多不會騙人的數據，像前面提到的美聯儲的統計表，反映了21世紀頭20年美國貧富懸殊趨勢的事實，這樣的歷史才是人類的「經驗」。從另個角度看，人史的載述雖然主觀，一般也不騙人。當凱撒帶著羅馬方陣兵團去征服高盧時，高盧原住民的凱爾特盟軍嚴陣以待，是個雙方的戰爭博弈。存在羅馬人跟高盧人打了一仗這件史實，凱撒打贏了，回家當羅馬的皇帝，沒人在意凱撒是因為個人野心、還是羅馬的利益而戰鬥的。但歷史另有個經驗告訴人們，有人贏就有人輸，而雙方死去的士兵是最大輸家。

像成吉思汗那樣的征服者，又是個獨特的經驗。開戰前派使者去恐嚇、通知、商量，要和平那就繳納約 1 ／ 10 的財富（金帛子女），並定下此後的稅役份額，成為蒙古汗國邦聯的一員。要打，那就打輸了被屠城。他為什麼是最成功的征服者，因為打的概率其實不太大，所以氈帳部落共同體的士兵不用流太多血、還可分贓！而羅馬帝國為什麼很早就處於分崩離析的失控狀態？因為僅有羅馬方陣一招，服兵役的羅馬「公民」很快就不夠用，且武人治國、兵權尾大不掉。總之吧，人史留下許多真實的數據，需要體會、深思。

人史的經驗，也有被人類自己的文化習性綁架的部分。文明的開始，也是規模掠奪的開始，各地部落與城邦從未停止過兼併與戰爭的過程，階級與權利制度把人性教化得好戰成癮，心思從未用在和平共存上，自然也就不會有開誠布公的經驗與文化。

美國體制，金融資本和利潤掛帥已畸形發展到了極端，已無可能優化，需要改建運作體制。如果90%的人口（底層＋中層）共占50%美國社會財富，那一定可令美國再次偉大（而非獨霸）。比如，嚴格的累進所得稅徵收（仿歐洲社福國家的50%稅負起點），濟窮與濟急並舉（實施類似中國的扶貧政策，主要是讓底層勞工重拾生活和工作的尊嚴和希望），立法禁止吃公俸的退休人員進入任何遊說集團，以徹底拆解利益「複合體」的後門，嚴謹而合理的地產稅（現

每年徵收約1.5%）與遺產稅法（例如目前以每個子女500萬美元爲度，超過此數的充公，並禁絕信託、法人的變相操作）等等。尤其要以科技之力求眞，禁絕假信息、僞資訊的傳播或炒作。這裡最難的是，要向既得利益階層增加徵稅，但連控槍都通不過的、習慣於圖利複合體的議員，不大可能實現對他們的金主的「增稅」立法。這裡牽涉到眞正的文化轉型：**利潤不能繼續成為資本唯一的目的，大多數人日益貧困化的國家是偉大不起來的。**

中國在向西方學習的摸索過程中，發生類似美國的現象，並不意外。由於土地財政的泡沫化與急劇工業化，中國經驗跟美國經驗有很大差異，結果是**勤儉堅忍**的傳統文化發揮了作用。中國政府在統籌國家邁進工業化的同時，也加速積累了公共財富總額（大搞基建，形成社會資產），漸漸提高了多數人民對生活和體制的滿意度。共產黨專政的體制，把宋代王權階級爲主、知識分子與城市工商階級爲輔的隱形共和，明確化爲一黨專政，但共產黨員包羅萬象，農民與工人占相當比例，並且有少數民族，使得「專政」實際有濃重「集體化」代表的味道，權利階級不能爲所欲爲，這使得因緣際會的小確幸暴發戶們感到焦慮不安，不斷轉移財富到國外，直到川普捅穿了美國社會的不堪、全面採取**仇中反華**的「攘外安內」策略，從側面證實了中國模式的成功。

近年來中國通過統一高效的基礎建設（交通、綠化、電

子支付）、「**不忘初心**」的口號和實踐（扶貧政策實際是開發農村的實體經濟），逐漸夯實中國經濟的自體流轉，共產黨政府已經獲得當下絕大多數中國人民的信任。所謂中國特色的本質，無非就是照顧絕大多數人口的利益，普及化教育、均衡化貧富差距。就占世界1／5人口的大眾治理而言，這個模式無疑相當成功。現代中國都是一步一步從無效、有效，甚至倒退的實踐中，做出來的歷史經驗，是沒有先例可循的人類社會的摸索。沒人做嘛，只要做了，就「領先」！

現實地說，人的經驗反映人的智慧。一切個人能學到的或創新的智商IQ總和，以及，一切個人能感染的或表達的情商EQ總和，都是人腦的作為、人際可通的、可相互感染學習的EQ+IQ，都是演化上的「智人之**智**」。政經社只是其中記述得最多的，人群交流互動的那部分。「智慧」是沒有算法的智人之**智**的那部分，那麼，人的智慧肯定更貼近於情感、藝術、EQ。無論如何，有一點非常確定：大自然不會預先設計「歷史」或「經驗」，人文所表現的都是時空上流變的人性或人道。

萬事萬物都在演化的試煉中產生，並繼續演化下去。三千年前的華人「集體創作」了《**易經**》，實際就是有人寫

了第一版，然後不斷有人添、改，繼續了近千年，全是匿名的義工！他們哲學地總結了那時段對大自然的認知：「**事物會變化，這是唯一不變的真理**」。《易經》盡可能捉摸變化的規律或趨勢，而大自然畢竟也有隱祕的秩序，並非無序。限於那時的知識，上古時期的華人只能用陰陽（正負）、乾坤（天地）、水火、山澤、雷風等實存而熟悉的辯證統合形象，來形容、比擬他們感受到的、動態的大自然與人間的秩序。這樣的思維和表達，成爲華文化的特點，貫穿到日常生活中，食物、中醫、藝術、文學、人際關係、政經社現象……無所不包，充滿意象。

無論《易經》的表述如何地近於現代科學的類似表述，古人的認知跟現代人的認知，肯定不是一樣的意象。拿老子的自然主義、或《易經》的哲學推演，去跟現代科學的統一場論或量子物理附會，是行不通的。哲學就是哲學，科學就是科學。科學的認知方法才不過三百年歷史，前人與今人或華人與歐人有所相通之處，只能說明人類的（腦／心）是可以通的，時空的隔閡不是障礙。但這並不是大自然的智慧，完全是人的「智慧」。大自然無所謂**智慧**。

大自然的規則裡存在著信息、生命遺傳、生命演化、人的現象，而有**信息**就有**歷史**，人的「歷史」和「智慧」當然也是演化中的。要了解人的智慧，從**第一本性**裡頭看似相互矛盾的本能入手，察看歷史發生過的事（經驗），思考它們

均衡狀態的可能演變，是最貼近眞實的辦法。比如，**情**與**理**，**群**與**我**，**生**與**死**，**愛**與**恨**……。

　　其中，「理」與「情」，是有演化上的合**群**功能的。在語言等溝通手段還比較原始的時候，情性的共鳴是人際之間重要的凝結劑（包括眼神、笑靨、淚水、撫摸等傳情的本能動作），但針對不明來意或敵意的感受、判斷，需要一個最迅速的「合理」rational 反應，以便迅速架起彼此之間的橋梁，「合**理**地」緩和緊張、抑制鬥爭的風險、最大化彼此的生存。這裡的「合**理**」的那個「理性」rationality，是有演化功能的。而數理的**純粹理性** reasoning，則是另個演化功能，**智力或智能**的。從這個角度，情與理，並不僅只是感情與理智，也不互相矛盾。人的「**智慧**」協調著**情**與**理**的本能，實現最低代價的合群與共存。**第二本性**（文化）這在方面的演繹就多了，包括佛陀的**慈悲**、孔子的**仁**、耶穌的**博愛**等等，都是人的**智慧**的發揮和表達，都影響著人群政經社的教化。

　　關於**生**與**死**。生物都努力求生，「生」是當然的本能。但生物也都必死，「死」也是本能。人是萬億個細胞的組合，細胞的生死，時時刻刻都發生在人體內。人之生，未嘗不是死之始，實在由不得人，人類只能有個認知上的態度。我比較欣賞彭德懷元帥在探望一位沒死於戰鬥、而後久病臨死的戰友的感歎：「不以爲然，不得不然，順其自然」。北

歐社會福利國家似乎想通了生與死的「矛盾」，大量營造讓人們生活得更健康快樂的各種設施，而不是讓「保險金融與醫療產業的利益複合體」綁架社會衛生系統以及人們畏死的本能去賺取高額利潤。這是更好的生之道，也是更好的死之道。生而快活，死而泰然，大智慧！

關於**愛**與**恨**的激情、**群**與**我**的意識，生化基因組其實並沒有遺傳給人類一個解不開的矛盾，而是給人類留下相關的、可用的本能：模仿、學習、共情、同情、感情、認同等等。每個人的（腦／心）開發這些**本能**、實現為有個性的表達，這也是人的**智慧**的演繹。人為的**智慧**和**文化**，非常**人性**：超越獸性的天然DNA精準複製的宿命、展現生命現象的多樣性與自由度。這就是古希臘悲劇所謳歌的跟命運抗爭的英雄情懷，跟孔夫子提倡的**盡其在我**的精神高度合拍。

生物都是**活在當下**的存在，環境的境況時時在變，每個人的「自我」也就跟著反應。**自我**是個難以言喻的動態的存在，連自己也說不清，甚至未必意識到；別人的自我，就更是難以跨越的深淵了。然而，人的**智慧**就是可以通得過去，並不只是了解外在世界用的。

智人之智創造了社群文明與文化，從此「環境」對人類而言，還包括了人造的社群「人文」本身：階級與權利制度，文化基因等。文明以來，社群與國家的教化，語言、宗

教、文化習性等等都跟生化基因組一樣，精準複製得根深蒂固，難以超越。衍生的矛盾也很明顯：**公利**與**私利**的界線，**公義**與**私慾**的分寸。至少三個世紀以來的人類社會，是在隱身的金權獨大及其**利潤**掛帥的**慾望**之下形成的，教化出虛偽與撒謊的文化習性，導致現代人普遍**心理**失調，罪惡感深重，倍感孤寂。尤其當文化習性鑽進利慾的牛角尖而物化的時候，這是最需要「智慧」的時候了。

集群與求生的本能交叉，使得人群自然地開發了起碼的扶傷、恤弱、葬死的**文化**，這是很**人性**的、其他群居動物所沒有的文化。大規模集群定居的農耕**文明**之後，生存更有保障，人性也表顯得更複雜，但透過情感的共鳴，藝術比語言更能直接溝通（腦／心），人性開始超越求生的本能，追求**真**、**善**、**美**的人際共鳴了。農耕文明是人類**求生**的量子飛躍；而科學文明則是人類**求真**的量子飛躍，科學還帶來工業與科技的**智能**突破，以及藝文的**求美**的突破。

科學已經成為地球人完全統一、共同的文化基因，雖然還很年輕。事實上，科學只是個**求知**與**求真**的軟體，人群的其他文化並無法取代或抑制科學的精神與方法。科學帶來近代的工業、現代的科技，對現代人類的物質貢獻，無可言喻。只不過這個新文化基因還不敵根深蒂固的階級與權利制度的文化基因，及其衍生的政經社文化基因。

　　人群政、經、社的文化習性，一直就是**階級**和**權利**制度主導的，萬年來，這個文化習性的具體展現，就是政權、神權、金權的糾葛；近三百年來，則是金權獨大，資產階級及其唯利是圖的資本主義成爲文化符號，囊括對科技的**話語權**及對科技產品的**定價權**。科學方法使得科技極速進化，生化與文化基因的進化速度遠遠不及科技進化的速度，科技由生存工具變成了可能驅使人類自毀的工具，但這並不是科學造成的，而是人群的傳統文化造成的。包括金融海嘯、生態災難、高密度聚集帶來的瘟疫（包括這次的新冠疫情），都是人爲的文化習性造成的。

　　利潤掛帥的資本主義文化隨著科技的極速進化而深刻影響全人類，現代的社會主義革命，實際是對資本主義制度的一種反思與應對；但涉及權與利的分配，存在歇斯底里的熱戰或冷戰並不意外。20世紀，文明的歐洲經歷了兩次世界大戰，明顯存在人類自毀的可能。當下智人之智的最關鍵課題：人性若不**求善**，那，人類憑什麼倖存？這重要性遠超西方憑什麼或中華憑什麼。

　　科學地說，**存在先於本質**，但對**本質**的詮釋都是智人之智的活動結果。人類已經進化到裝備了（腦／心）韌體，現代科技也已經把人類全球化了，智人之智更已讓現代人進化爲地球人，並認識到必須跟地球生態共存。「智慧」的存在，不是白搭的，也不是幾個強勢群體可以霸凌的。

CHAPTER 7

未來必須是
智慧的

　　歷史與現實，都談過了，既然要談未來，先把卷首功課
了結：

1. 近代西方憑什麼，答案清晰，軟體靠科學、技術、
   資本主義（科技可持續，而資本主義不可持續）。
   美國憑什麼，具體靠美元金融和美軍（美元超發不
   可持續，美軍不可持續）。從1945算起的美國霸
   權，百年內完結：資本主義是成也蕭何，敗也蕭
   何。但科技人完全對得起歐美了。

2. 中華憑什麼，答案也清楚，從前的長期存在，軟體
   靠人的因素，現在的具體存在，也靠人的因素：數
   量＋經驗。從1949算起，農民支撐了中國工業化
   和現代化的轉型至今，農民大眾完全對得起現代中

國了。至於共產黨與毛澤東的功過，好事和壞事都「史無前例」，不能以簡單的加減法計算，何況當下正處於美國圍堵、抹黑中國的境況，只能跳過、讓後世議去。

現代人越來越依賴專家，人類實際已經進入**知權**時代。電訊、網路、大數據、AI等技術，日新月異，信息、資訊、知識的傳播，近乎即時、公開，使得人際溝通越來越容易。但也平行存在人為的「網軍」、假信息、假資訊、偽知識等欺騙行為，並且在利益與慾望的驅使下，代表「公」權力的各國政經社權利組織的誠信度也越來越盪然無存，各國的商業行為更充斥虛假、詐騙。所幸，總的來說，一切人為的產品、規矩、制度的「合理化」，越來越經不起科學**知權**與公眾**知情權**的檢視。現代科技的進化與應用，一定會使人類社會與文化的內涵越來越真實；未來，會越來越智慧化。

在演化的歷程中，人類跨過了一條叫做「文明」的河，生活的方方面面從此加速進化。從時空上俯瞰億萬年來的地球生命世界，人群的階級與權利制度，以及科技，是文明之河的此岸最顯著的兩個印記。智人無疑是成功的物種，不但適存為頂級掠食者，而且目前還達到八十億人口，唯一可以抑制人類的是：人是少數會自相殘殺的物種。儘管智人早已成為僅存的人科物種，人群之間卻打了無數個內戰，還砸了

兩顆原子彈。人際的競爭，以及對自然資源的掠奪和浪費，已達到危害地球生態的地步，人類的進化，甚至成為另一次物種大滅絕的開端。怎麼會這樣？當然不是地球的問題，幸好，現代人已經知道得夠多，多到足夠審視人類自己的作為。

人類大規模集群生存，在人為的階級與權利制度與國家機器的氛圍下，加速了科學與技術的進化，現代人正在經歷高科技進化與人群文化習性不匹配的矛盾。人類個體日益增加的心理障礙，孤獨、疏離、焦慮、不安……，成為全球普遍的個人與社會問題。而在利潤掛帥的「消費經濟」下，人類用科技手段掠奪地球資源，破壞了自然生態。

對人與對物的這兩大傷害，是現代人必須共同面對的重大課題。而既得權利的階級透過對國家機器的掌握，進而操控對信息與知識的傳播，無論是限制公眾的知情或扭曲科學的真知，這都是現代人類必須面對的困境：**知權**被既有權利制度踐踏的問題。智人之**智**一直就是人類進化的支柱，但人類的權利文化慣性裡頭，不幸埋藏了利令智昏的「反智」因子。換言之，人類現有的階級、權利、國家制度的社會組織方式，業已成為現代人進化的障礙。現代父母經常要面對子女的質疑：比如，對於誠信，「為什麼您們老說，在外面社會不可像老師教的那樣表現」；對於信息，「電視和網路上的信息，許多不是真實的」等等。怎麼辦？

從演化的角度看，得力於地球間冰期的氣候暖化，人類的進化形同「暴起」：人類500萬年的演化史的最後1萬年，智人就經歷了農業、城邦、帝國、科學、工業、高科技，一連串量子飛躍式的進化，夯實了現代人稱為「智能」的東東。然而，演化畢竟不是一蹴可就的，沒有400萬年石器時代的積澱與對應的生存機緣，智人也走不到現代。而無論生化基因組或文化基因組的形成，人之所以為人的進化，一開始的步調跟其他物種也差不多，直到「文明」之後……，5千年而已，人類上了太空，僅只在科學發端之後3百年。

當下的地球仍處於這次大冰期中的這個間冰期裡，古氣候學者認為，前幾次大冰期都約略千萬年數量級的跨度，大冰期之間則相隔著溫暖期，約略2.5億年的循環週期，可能跟太陽系圍繞銀河中心繞轉的週期相當。古生物學者認為，恐龍就是在上一次地球的溫暖期時段，約2億年前，演化得繁榮興旺的。

脊索動物演化出腦，並在約2億年前的恐龍盛世中演化出哺乳動物，用腦袋瓜小心謹慎地存活，這其實是個獨特的適存方式。居然碰上隕石撞擊地球，給哺乳動物掃除了陸地上的掠食者。哺乳動物約5千萬年前演化出靈長類，旋即有了猴類、2千5百萬年前有了猿類。約800萬年前才有黑猩猩，而直立行走的人系科屬大約5百萬年前才跟黑猩猩分支，就碰巧遇上大冰期的磨煉，使得人腦「用進廢退」、適

存於東非逐漸乾旱的稀樹草原環境，演化得越來越聰明，而人類生物學上的親戚們猿猴猩猩則依然生活在森林裡。仰仗一顆聰明的大腦，在分支出智人之前，以石器與火為工具的直立人就已經成為頂級掠食動物了。人類暴起的背後，是有大自然演化出智人之智的因緣與積澱的。事實上，陸生動植物的崛起、快速演化與多樣化，也不過就是6億年前開始的事，相對於40億年左右的生命演化，是相當近期內發生的事。由此也可以看到演化的加速。

　　生物都是活在當下的，生存了才可繁衍；沒有現在，哪有未來。從太陽系圍繞銀河中心運轉的週期推測，地球應該不少於10次大冰期的歷練，這些地球事件與其他劇烈的天體事件的頻率，對活在當下的生物的數量級而言，是無感的，或者說是「偶然的」。生物嘛，只能「適應」大數量級的環境條件。在大環境的變化之中，無數演化試煉的結果，能夠存活下來的就是具備了適存基因的物種。大自然會演化出地球人的（腦／心）智慧形式，需要地球那樣的環境條件與近乎40億年的演化時間。不過，對宇宙的數量級而言，存在著不計其數的類地行星環境，而宇宙從不缺時間。

　　現代人類的存在，確實需要許多機緣，但絕不是一個預設出來的存在。數理遊戲規則之下，近乎無限數量級的物質與時間，使得「存在」、「演化」、「哲學」同樣地難以清晰定義或描述。無論如何，萬年來人類「智慧」的加速進化，

是很明白的一個現象。尤其是進入科學時代之後，數學、物理、化學等等大自然隱祕的規律的發現，使得人類的動力來源不再受限於人力、獸力、簡單的水力或風力，而用上了煤碳驅動的蒸汽機，引爆了工業革命，並在此後短短的二百年內就開發了電力、化工、核能等動力，以及包括微電子、電訊、網路、AI、基因工程在內的種種技術與智能。

人類文明之後，無論農業社會的「人定勝天」意想，或工業社會的「征服自然」意想，其實都是人類物種「暴發戶」心態的影子。在科學和高科技的助力下，現代人智慧到覺悟了人類物種在大自然裡的位置。對一馬當先的科技，現代人也知道了：被金權操控、利用的知識，一味利潤掛帥的危害性更大。IQ＋EQ的智慧，一直引領人類的認知、思想、利益心的變革。建立**知權**高於金權與政權的社會，現代人才會過渡到智慧的未來，一個地球人共和、也跟地球生命世界共和的、可持續的未來，甚至是成為星際人的未來。

時下流行的AI，給電腦裝上模仿人腦的學習與識別等軟體；科幻者相信，每個人的「智慧」會以AI的形式永生。問題是：「智慧」到底是什麼？科學或哲學地說，現代人認為智慧是意識、思維、感情、理性等（腦／心）活動的綜合體，永生，不過是人的**慾望**或**意想**。就算哪一天基因改造技術達到人體永生，加上灌進人腦的AI永生，那樣子超越大自然的存在的，會是個什麼東東？這不重要、也沒「意義」。

　　科學是智人之**智**進化出來的認知方法，比起古人，智慧確實讓現代人更加「了解」萬事萬物的眞相，並構造起人際之間可溝通的、對萬事萬物的描述，「知識」。辯證地說，這本身雖然是自然演化的結果，但畢竟也是人的作爲。既然是人的智慧使然，也可以稱爲是「人工智能」，以別於其他的高智商物種，如「貓狗智能」、「大象智能」、「猩猩智能」、「海豚智能」、「章魚智能」等等。近來生物學者發現人居然可以跨物種跟其他高智商動物建立溝通和互動的紐帶，鸚鵡、豚鯨、章魚之類，不只貓狗而已。（有興趣的讀者可看 Craig Foster 製作的 BBC 紀錄片 My Octopus Teacher）

　　這裡的重點是，會互相學習、溝通的高智商 IQ 的社會動物，它們的「慧根」跟人是一樣的；只不過，人類大腦的神經細胞的數量級，以及引發**心智**和**心理**的人腦神經系統的內在結構，使得智人能夠開發更多智能軟體罷了。20 世紀的心理學者和腦神經學者做小白鼠或狗的實驗，記錄了動物對刺激的反應模式，在正向激勵的誘因下，養成它們的慣性，然後忽然改變激勵爲懲罰，不少動物就不知該怎麼反應了，「不正常」、「瘋」了。這多少說明了大腦、心智、心理之間的關聯，以及，人的「智慧」的形成是多麼的不容易。

　　無法想像一個沒有智慧的未來是怎樣的未來？但眞實的未來絕對不會是個人工智能構建的虛擬現實遊戲。

軟體當家

文明之初的人怎麼想像未來，不得而知，但農耕是那時的新興高科技，應該會更多地關注高產的農耕技藝，以及，定居人眾的和諧。農耕是人類「征服自然」，從被動適應環境到主動改變環境的起點。定居農耕、城邦文明之後的人腦聯通發力，尤其是文字的發明，使得時空上的眾多人腦聯網、積分，5千年來的**群**體與心**智**的相互激盪，規模集群的分工與分配，階級與權利制度的管治，大大刺激了人類的大腦與心思，促長了智人之**智**。但「心思」與「智慧」這些無形的「軟體」該怎麼描述？

比如，**語言**與**文字**系統，做為人際**溝通**的工具，通通是軟體。

而硬體工具的應用（比如，石器、陶器、金屬），用途、使用方式、設計、製作流程等構思，及其具體的實踐、分工、計畫、組織，也都是軟體。科學地說，智人的進化過程，實際都是軟體當家的功力，包括硬體用品的設計與組裝，複雜度越高，表示心思與智慧越高。試想，最複雜的事莫過於規模集群裡的人際溝通、協調、計畫、分工、分配、組織、合作、管理，都是無形的軟體。階級、權、利這些制度，都是人類用大腦與心思設計出來的軟體，文化與習性也都是源於（腦／心）的軟體！

　　軟體嘛，除了用「智慧」來形容，還真找不到更適切的詞彙來表達。而人類又是什麼時候開始意識到**群**與**智**的**軟體**就是人類物種的適存優勢的？歷來的哲學家、思想者不斷提出改善軟體運轉功效的設計，有針對人群的階級、權、利、制度的，以達到自由、民主、平等、公義的合群；也有針對智能的科學、技術、藝術的，以達到求真、求善、求美的應用。就人史載錄的經驗和數據而言，智人之**智**的進化加速，毋庸置疑，而且，進入科學時代之後，人類也意識到了「人」就是做為諸多軟體集成的一個存在，強烈的存在。

　　軟體本身是不是一個實存，比如，心思是否不必附屬於腦神經系統而自存，這是個哲學的、也是科學的課題。科學時代之前的認知，主要談靈魂或精神或意識之於物質基礎的生命的關聯，科學時代之後的認知，由於對大自然數理遊戲規則日趨了解，硬體或軟體的存在，成為包括量子、信息、微觀與宏觀數量級的辯證與統合。科學地說，「科學方法」和「理解」，都是人類心智逼近真相的一種方式與表述，但或許大自然原本就是個整體、動態、全息的存在呢？並且，人類無從知曉這個宇宙數理遊戲規則的緣由，人類的心智實際是倚賴這些數理遊戲規則衍生的因果與邏輯來理解這宇宙的。

　　現代科學已經發現反粒子的存在，在人類心智所能想像的邏輯上，是可能存在著一個平行的反宇宙的。我們無法穿

越到那個反宇宙裡，但時間倒流的那個反宇宙裡，即便有同樣的數理遊戲規則，其所衍生的「鏡像」似的「因果」與「邏輯」會是什麼樣的呢？但這些不是這裡要談的重點，地球人有更急迫的事需要面對。

在這個宇宙裡的當下的我們，只是個渺小數量級的智人物種的存在，但我們已經確切知道：太陽系只能再存在50億年左右，而現在境況的地球可能也就只能繼續個10億年數量級的時間。所以，地球人的「未來」，並非無限。科學地說，存在本身都是「天下沒有白吃的午餐」的，演化儘管沒有「設計」與「算法」，但一定需要時間與能量。就現代人的境況而言，人類進化的當家軟體是**群**與**智**，前人順著生化基因的本能開發出管理人群的階級與權利**制度**軟體，在這個基礎上安裝了各種政經社軟體，並開發了科學。

從人史數據看，**群**這方面，如今除了人類物種數量增殖到80億人口之外，人道上的進化是不及格的，城鄉的差距不止於生活水準、更反映於教化水準。並且，政經社軟體的作用突顯了制度軟體的重大缺陷，人類可獲取的大量資源被消耗在不必要的「消費經濟」與物種內鬥、而不是人類種群的進化。**智**的方面，地球人交出了亮麗成績單：科學的量子飛躍，加速了科技的進化，地球人已經開始探索太陽系內各個行星，但投放在這個未來必走的方向上的資源遠不如囤積充裕武器的歇斯底里或利慾的驅動。

科學地說，現有制度軟體所安裝的政經社軟體，已經開始危及人類本身，目前最突出的是各種人為的生態失衡，及其導致的物種滅絕。現有制度軟體喪失自檢與自我修復的功能，並且沒有地球人層級的溝通、協調、計畫、分工、分配、組織、合作、管理的功能，與人為善的聯合國初衷在現有制度衍生的「霸權」下形同虛設，甚至明知大量排放廢氣、廢水、廢物、化肥、農藥、塑膠的毒害而在「經濟」利潤掛帥的慾望驅使下自毀，現代人類社會形同「失智」或「反智」。

由於個人與群體的慾望、心理、文化，跟政經社軟體無以分割，如何使用現代這麼先進的科技來修整現有制度軟體，改造政經社軟體回歸人類**合群**與**智慧**的進化之路，把可用的資源投放到維護地球人的宜居、生態環境，以及，對宇宙空間的探索，地球人方才有「未來」可言。

AI是現代軟體科技的當紅炸子雞，原因很簡單，功能性的AI器械，功效絕對遠超人類。未來不會存在現有軍工複合體、金融與能源複合體、保險與醫療複合體、資本與互聯網複合體等等的私利驅動模式，人群社會也就不會浪費精力和資源去搞類似「AI戰士」那種殺人本領必然超越任何人類戰士好幾個數量級的東東，那會是人類自毀的極致。現代人是時候該運用**智慧**，擺脫傳統教化的權利驅動的慣性了。

　　讓我們先看看現代人能夠怎麼智慧地應用當代AI吧，例如：

1. 既然人群存在文化差異，AI語文翻譯機應可助力更完整、即時的人際溝通與協調，彌縫語言不通引致的人際誤會或敵意；

2. 貨幣的電子化，AI必可兼顧個人的隱私、自由、責任，以及社會的誠信與公義，帶來更人道的社會；

3. 把AI直接用於信息與知識的真確化、誠信化、透明化，並防止信息平臺對個人信息大數據庫的濫用或牟利；

4. 把AI用於地球環保生態的監測與維護、氣候與海洋信息的預測，以及基因與生化工程等新興技術。

　　智人之**智**其實分為可運算的**智能**與不可運算的**智慧**。每個人的**心智**裡頭，智慧，是溝通、聯結人際用的，而儘管經過教化的洗腦，文化基因組的複製遠不如生化基因組的精準、固定，何況每個人的自我心智的形成都是獨特的，人際之間的交互作用使得人際通達像似藝術，沒有可資運算的程式。而智能，則是開發可運算的功能用的。AI還會繼續快速進化，但可運算的邏輯式智能如何變成不可運算的藝術式

智慧是存疑的，比如，AI戰士的殺人智能會越來越精湛、複雜，但不可能產生不殺人、甚至救人的智慧。

大自然本身不過是數理遊戲規則下的、似乎無限質能的動態的存在，生命也只是合乎規則與環境條件下的存在，生命的生存與繁衍只會主動在周遭環境裡尋覓可用資源以達到適存演化的目的，目前並沒有算法可以對應如此簡潔的描述。DNA片段還可以模擬，生命演化卻不行，因為生存、繁衍是生物存在的目的和定義，而不是算法。生命適存演化所對應的環境是眾多的參數、也是變數，生物跟環境之間的交互作用，還涉及其他物種，比人際之間的交互作用更流變、微妙。

永生是不能實現的夢想，現代人清楚地知道，連宇宙也不是永生的。開篇就提到的宇宙大爆炸「奇點」是具備無限質能的時空零點，但無限大與無限小都是數學上和物理上不能被人類準確描述的狀態。既然無法描述，也就超越人腦的邏輯或算法能夠認知的極限。但人的智慧之妙，就在於，**理解**此類問題的方案雖然無解，但可以「想像」：人類是唯一會創作遊戲以自娛娛人的物種嘛，而且會對自己製作的遊戲「上癮」的動物，賭博、電子遊戲是其中顯例。更比如，既然可以想像從奇點炸開出個質能時空都無限大的宇宙，那麼這個宇宙裡的黑洞坍縮歸零、理應也有機會炸開個「平行的宇宙」，無限大裡頭當然可以再裝個無限大嘛，這想像

依然避不開那個奇點裡的無限質能是從哪裡來的無因之因？數學上的「零」是絕對的、乘以無限大仍是「零」，但物理是時、空、質、能這些東東之間的量測與關係之描述，物理的零點只能無限地逼近，逼近到了微奈米級就是個量子的世界，物理的零點是個無法描述的、不確定的、未知的世界。科學地說，現代人**知道**，地球存在著宏觀的生命演化現象，而**不知道**宇宙是否存在著奇點。這是目前人類的智慧所能企及的深度與廣度。

　　智慧的現代人已經知道過去的宇宙和人類的歷史輪廓，也知道數量級的相對性及其在界定微系統與宏系統上的微妙，比如，每個細胞都是眾多鹼基分子與生化分子組成的系統，每個動植物的個體都是巨量細胞組成的系統，而巨量的這些生物系統就組成了地球生命最大的宏系統：生態。現在，是過去的延伸；未來，則是現在的延伸。已經存在的過去與當下，無法改變。心思一動、且付諸行動的時候，行動的過程就是未來發生的過程。人的共同經驗則是：計畫趕不上變化，人算不如天算。

　　雖然如此，現代人還是可以相當確定當下的境況，羅列自己的已知與未知，及其在未來時空上可能的風險。目前，現代人知道，如果不出現影響地球存在的特大天體事件，在遙遠的50億年數量級的未來，燃燒殆盡的太陽會變成紅巨星，吞噬地球，毀滅一切生靈。除此之外的未來，尚無法預

測；比如，下次的超級火山爆發或大隕石撞擊或其他影響地球生命的宇宙事件。這些是由不得現代人「操之在我」的事，但現代人也因此知道，地球人的未來，首先要掌握能夠知道些什麼、做些什麼。比如，已知階級與權利制度造成當下人群的不穩定，及其自毀的可能，能夠怎麼做來避免這個狀態繼續，人類已經造成許多物種滅絕，怎麼確定人類物種不滅絕？

　　太陽系的終結，是確定的未來，人類還有10億年數量級的時間去進化到完成星際移民。在這之前，人類存在幾個已知的難關：

1. 如果這個數萬年數量級的間冰期結束了，地球會回到這次的千萬年數量級的冰期之中。而人類正是在這次冰期裡進化的，智人物種應可不必擔憂存續的問題，但適應、調整是必須的。

2. 突發物種大滅絕的地球事件的可能性是確定的（超級火山爆發等等），雖然不知道是百年內還是萬年內甚或百萬年內發生。以現代人聚居城市的密度及其生活方式，電力設施與工廠的毀滅就足以造成現代文明滅絕的風險。如果那時倖存的人類都在「偏遠地區」，就可能需要再重複一次人類文明的進化歷程。為了現代科學文明不至於陡然斷層，現代人有

必要改變集中量產的工商文化習性，這需要全球性地普及科學教育，並分散生產方式。地球人迫切需要開發新的政經社體系來應對這個已知。

3. 未來，不是人類對大自然的博弈，人類並沒有時間優勢。智慧的進化，本質上，只不過是智人在生化基因組的基礎上，不斷優化了文化基因組的擴容，使人的方方面面有了看似「逆天」的表現：比如，城市的人均壽命已延長至文明初期的 2 倍。而就人史的經驗而言，現代人已知的百日至百年內的最大風險，並不在於大自然宏觀事件的發生與危害，而在於人類社會本身的自毀機制，戰爭，尤其是存在大規模殺器如核彈與生化武器的今天。這個人造的地球事件的概率遠大於超級火山爆發。

　　眾生都是大自然裡相對微小的、活在當下的存在，生物適存演化，都是走一步是一步，環境、大自然、老天爺，顯得高深莫測，直到出現人類的智慧。科學，使得現代人知道了恐龍滅絕的原因（隕石撞擊），以及 2.5 億年前的生物大滅絕的原因（超級火山大爆發），以及人類進化的原因（對冰期與間冰期氣候的適存，刺激了**群**與**智**的長進）。並且還知道了，這些滅絕或進化都不是瞬間發生的，跟事件引致的環境變化相關。從過去與現在的經驗和數據之中，科學地歸

納、演繹、推理出來這些**知道**，構成了智慧的一部分，人類成為唯一會去預測、遐想未來的物種。但未來不是算命，也沒有什麼智慧可以預知尚未發生的存在。智人要能夠存續到明天、明年、十年後、百年後、千年後、億年後直到遙遠的未來，這才是智人之**智**的進化。

　　許多現代人的文化基因已經具備了科學的意識與認知，但也繼承了萬年來的階級與權利制度的文化慣性，使得政經社的演化機制跟不上科學與科技的加速進化。現代人才剛剛了解到，文明以來的地球人群也加速改變了棲身的自然環境與社會環境，而且相當負面。比如，上述的三項難關已經是現代人的常識了，但有多少政經社的權利階級或政府把它真當回事？地球人的未來竟然掌握在一小批唯利是圖的、滿嘴謊言的「政經菁英」手裡，思之令人極恐，也只有從根本改革權利制度為知權至上不可了。

　　大眾的知情權與科學的真知權，並不那麼容易獲得。智人是個群性動物，身心都喜歡抱團取暖，現代網路固然普及化了信息傳播，但社交網路也自閉化了各式各樣民粹似的「群」；儘管有維基解密那樣的公器案例，求真的知權革命依然障礙重重。當下剛剛發生一起不寒而慄的案例：美國密西根的州參議員、共和黨人的艾德・麥克布魯姆Ed McBroom，他領導了對川普指控該州存在大選舞弊的調查，八個月後，他毅然向媒體說出真相：川普方面盡是謊言

的操作！川普的敵意反應自然不在話下，川粉們的反應更絕，騷擾之外，甚至有人身威脅的。麥克布魯姆做爲一個愛好歷史的、正直的共和黨人，不禁哀歎：這個國家還能自我救贖麼？

美國人當然有自我救贖的機會，因爲儘管金權至上的政經社體制造就了千奇百怪的媒體「輿論」，但美國依然還能聽得到共和黨人麥克布魯姆的聲音、民主黨人桑德斯的聲音等眞相。而且，若要人不知，除非己莫爲，天下沒有不透風的牆（信息不滅嘛），天下也沒有白吃的午餐（無論什麼事的發生，尤其是政經社相關的事，總要用上人力和資源去做），但政府掌控了國家機器最大份額的資源（包括情資、信息），它確實可以很容易地組織、引導、散發權利階級所慾求的輿論。不過，現代人科學求眞的文化，加上網路與大數據的科技，使得任何權與利的操作都無法完全掩蓋或塗抹眞相在時、空、人、物上留下的痕跡（信息）。

比如，美軍生化戰基地的德特里克堡，打從成立到現在，留下無數動作與記錄，其跟二戰日軍731生化戰部隊的承襲關係，早在二戰後便已見諸美國與各國媒體的報導，以及歷史和法律學者的研究報告（包括日本731部隊當事者的陳述）。納粹德國對猶太人的種族滅絕，集中營式的殘酷屠殺，以及，近代美國與加拿大白人對美洲原住民的種族滅絕行動，都是類似的顯例。儘管媒體和網路都存在信息上的眞

實度與誠信度的缺陷，留待現代科技來加速完善，但信息不滅可以保障科學方法對真相的認知，這是當前社會體制軟體無以抵擋知權的真正原因。

　　無論神權、王權、金權階級，做為政經社的主要設計者，權利階級的人性之私，習慣隻手遮天、黑箱作業、偷換概念的伎倆，這些都在現代科技下原形畢露。智人之智是可以超越畸形的內卷或歇斯底里的慣性的，而大眾的知情權與科學的真知權，便是任何政經社體制內的人們可以獲得真知與智慧的保障。事實上，二十世紀以來的反思，人們已經看到歷史經驗重複發生，法國大革命失敗於暴民政治，先是殺頭式的、然後被洗腦式的民粹取代，極端民族主義、納粹、法西斯由此興起。美國革命一開始就根植於白人種族主義，被資本主義包裝為「**自由**」（掠奪利益的）與「**民主**」（抑制少數族裔的）。中國的文革失敗於民粹式的極端傾向，導致「反智」。日本的軍國主義失敗於強迫民眾集體「失智」、無視於歷史事實，但居然民粹式地延續至今。這些系統性缺陷都源於**知權**喪失，無從激發人性求真與求善的本能，以至於人類（腦／心）對民粹歇斯底里症候的免疫失調，真知和智慧無法抑制系統內部癌細胞與系統外部病毒的蔓延，歷史教訓只好不斷重複。

　　於此也可見，現代人的未來，必須是智慧的未來、真實而不虛擬的未來。這樣一個知權保障的智人的未來，也是一

個人類不會自我毀滅的未來。如果連這樣一個人類自身就可以做到的未來都不能迅速實現的話，人類還有「未來」可言嗎？

　　未來並不科幻，從來不存在獨人那樣的生物，也沒有獨人英雄可以在未來的時空存活。現代已知的未來的各種問題，都需要地球人的集體智慧來解決。巴西政府保護、維持叢林深處的原始群落與外界隔絕，這或許是對人類未來的一個保險，而不僅是人類學的一個實驗。無論如何，對未來的規畫，現代人也必須跳脫既有階級與權利制度的慣性框框了，因為，「人為的」與「自然的」風險都真實地存在。人的智慧嘛，首先只能自我救贖、避免自陷於自我毀滅的怪圈、不可自拔地繼續輪迴。大自然並沒給任何物種打包票，現代人至少可以人為地給自己這個人為的權利制度、政、經、社做點更完善的保險工作吧。

　　現代人能夠自贖、並給社群自贖的軟體，就是把自己「營利」的思維與意識，革新為非營利的思維與意識。現實地說，即便為了自己，自贖也是需要時間與努力的，不光是為了遙遠的未來。

未來的硬體

　　智人之智是富於想像力與創造力的，現代人對未來

充滿憧憬，但「智能汽車」、「語言翻譯機」等等「人工智慧」、「仿真」、「仿生」等事項，現實地說，高超的軟體，必須有配套的硬體方可驗證、實現。比如，無人駕駛的難處，哪怕僅只針對「安全」事項，境況的感知系統，涉及眾多感測器的系統仿真，這個仿人腦經驗的算法需要積累對實際境況的反應，目前的AI仍然難免出錯。特斯拉公司大膽地量產「智能電動汽車」，大賺AI商機，實際這些智能電動汽車的使用經驗紀錄是完善其AI功能所必需的資料庫，車主花錢還自身涉險做了特斯拉公司的白老鼠，這就是當下權利制度不公平的缺陷了。幸好這是個一般性商品，大眾透過媒體對事故統計還算充分知情，而且美國政府對機動車的安全標準很早就有監管體系，可以對特斯拉公司問責。但真正的問題出在硬體，光學感測器固然可以相當精準地量測到行車路線上的物體所反射的光譜，但這跟人眼視覺所「認知」的物體並不完全等同，光學感測器需要人眼似的系統仿真來消除認知的誤差與誤判，而這樣的仿真就需要集成更快速的CPU與感測器系統、更大的記憶體的硬體，雖然我們不確定人腦功能可以經由電腦系統仿真而逼近人腦的「真實」。

　　實際上，地球人現在的軟體科技已經超前於硬體科技，針對資源投放的方向，硬體的開發更必然成為主軸之一。試想，現代地球人要在億年數量級的時間內成為未來的**星際人**，這差距有多大？要克服**光年**距離的星際遷徙，1光年是

10萬億公里，目前的科技，NASA發射造訪冥王星的火箭是速度最快的太空飛行器，花了13年時間飛到了外太陽系的柯依伯帶（距離地球約65億公里），亦即每年飛越5億公里（這是光速的2萬分之一）。但數據顯示，鄰近太陽系的恆星系，在15光年內的有47個，其中5光年左右的有2個，以當下科技要造訪這些星際鄰居，至少得花上10-30萬年太空飛行的時間！顯然，集中地球人的全部智慧與資源來設計與製作可行的軟體、硬體，在1億年之內達到光速的百分點（亦即提速至當下的千倍左右），地球人方才可望在10億年之內成為星際人，這樣，哪裡還有心思和時間可以浪費在權利階級的營利與內鬥上？

沒有憑空發生的進化，科技也是個不斷積累的過程，軟體與硬體是相互刺激、促進的，半導體技術就是明顯的正向回饋的例子。半導體的CPU與記憶體硬體集成出更快更好的檢測和設計系統，使得應用電子的軟體與硬體更加多快好省，回頭又促進了相關的材料科學的提升。實際上，現代科技常常是藉由硬體材料的突破而呈現量子式躍進的，比如，基因工程技術的進化，背靠的就是奈米材料、生化材料、電腦、電子設備等等硬體。

科學地說，地球人當下的軟體技術，諸如電訊、網路、大數據、AI的繼續進化，只能靠電子硬體技術給它擴容、增速，而目前矽基為主的器件的提升只能靠**新材料**的突破來

加快CPU的運算能力、加大記憶體的儲存能力、加深感測器的辨識能力。

　　材料科技會一直是未來的硬體方向，比如，半導體材料從來不只是矽基而已，化合物半導體材料也廣泛應用。其他的新材料層出不窮，例如，超導材料、特殊功能的有機材料、合成的奈米材料、石墨烯等等等等。畢竟，地球人短期內（例如，本世紀結束前）要修復生態環境就得用到許多相容的新材料發明，而長期的、階段性的太空探索計畫更必須倚賴新材料來輕薄短小地使得火箭、飛行器等逐漸提速到光速的百分點範疇，相應的超長飛行時間對人體的生理需求，諸如冬眠技術或再生技術就需要整合基因工程與有機材料硬體了。這方面，現代人是任重道遠的。

　　總之，地球人未來的硬體主軸，必定是新材料的研發和製造。地球人要成為星際人，只能靠智人之智，找到地球之外的、類似地球的行星或衛星，然後靠地球人的軟體與硬體科技在類地星球上，繼續適存演化，這個微觀與宏觀的界面不是我們的生化基因可以突破得了的，只有靠人類集體的群策群力、改造類地星球的環境來適應我們的生化基因。這樣的星球數量級的念想與實踐，也許就是人道與智慧的極致發揮了。

　　現代人已經具備奈米技術，可以相當自如地移動、改組

高分子裡的原子或分子序列，才有生化材料與基因工程的進化、人造器官與大腦的接口管控裝置等等。進一步的奈米技術應用，產出各種匪夷所思的人造新材料，比如真正大面積的石墨烯，無疑不是太久遠的預期。

　　現代研發中的新材料還有很多，比如人造蜘蛛絲等仿大自然已經合成過的超級硬體材料。智慧的挑戰與機遇是令人感奮的，智人之智，不會因為星球、甚至宇宙的數量級與動態，更不會因為僅止利己的本能，而放棄延續物種的本能，只有在知其不可為之的自由意志上，人道方才突顯出，也許這才是生命演化或進化意義的「人」！

歷史與現場 349

中國憑什麼：從人類史的演變，看中華文明的時代拐點

作　　　者—李乃義
圖表提供—李乃義
主　　　編—謝翠鈺
責任編輯—廖宜家
行銷企劃—陳玟利
美術編輯—李宜芝
封面設計—兒日設計

董 事 長－趙政岷
出 版 者－時報文化出版企業股份有限公司
　　　　　108019 台北市和平西路三段 240 號 7 樓
　　　　　發行專線— (02)23066842
　　　　　讀者服務專線— 0800231705
　　　　　　　　　　　　(02)23047103
　　　　　讀者服務傳真— (02)23046858
　　　　　郵撥— 19344724 時報文化出版公司
　　　　　信箱— 10899 台北華江橋郵局第 99 信箱
時報悅讀網—http://www.readingtimes.com.tw
法律顧問—理律法律事務所 陳長文律師、李念祖律師
印　　　刷—勁達印刷有限公司
初版一刷—2023 年 10 月 20 日
定　　　價—新台幣 380 元
（缺頁或破損的書，請寄回更換）

時報文化出版公司成立於一九七五年，
並於一九九九年股票上櫃公開發行，於二〇〇八年脫離中時集團非屬旺中，
以「尊重智慧與創意的文化事業」為信念。

中國憑什麼：從人類史的演變，看中華文明的時代拐點 / 李乃義
著 . -- 初版 . -- 臺北市：時報文化出版企業股份有限公司 , 2023.10
　面；　公分 . -- (歷史與現場 ; 349)
ISBN 978-626-374-456-1(平裝)

1.CST: 文化人類學

541.3　　　　　　　　　　　　　　　　　　112016694

ISBN 978-626-374-456-1
Printed in Taiwan